JN437352

우리는 모두 건강할 권리가 있다!

약사 이모가 들려주는 몸·병·약에 관한 이야기

우리는 모두 건강할 권리가 있다!

김선 글 | 김소희 그림 | 우석균 감수

낮은산

어린이가 알아야 할 우리 몸을 둘러싼 진실

유엔 발표에 따르면, 전 세계에서 5살 미만 어린이 4명 중 1명이 영양 결핍 상태입니다. 대부분 아시아와 아프리카에 사는 어린이들입니다. 뿐만 아니라, 지구의 82억 인구 중 7억 명 가까운 사람들이 배고픈 상태입니다. 아프리카에서는 5명 중 1명이 그렇습니다. 지구 한편에서는 필요한 약이 없어 어린이들이 죽어 가는데, 다른 한편에서는 필요하지도 않은 의약품이 비싼 값에 팔려 나갑니다. 한국만 보더라도 키 크는 약이라든가 주의력을 높여 준다는 약이 불필요하게 남용되고 있습니다.

이 책은 우리의 몸, 병, 약을 둘러싸고 무슨 일이 벌어지고 있는지, 왜 어떤 병들은 무시되고 어떤 병들은 만들어지기도 하는지 등에 관해 어린이의 눈높이에서 친절하게 알려 주고 있습니다. 이 책을 만난 어린이들은 우리의 몸과 건강을 둘러싼 진실에 눈뜰 수 있을 뿐만 아니라, 자신의 건강, 사회와 자연의 건강을 지키기 위해 할 수 있는 일들을 스스로 찾아보게 될 것입니다.

이 책의 저자이신 김선 선생님은 '민중건강운동'이라는 국제연대 네트워크에서 '어떻게 하면 전 세계 모든 사람이 건강한 세상을 만들 수 있을까?' 고민하며 행동하고 있습니다. 건강한 세상을 향한 저자의 이러한 열망은 책 구석구석에 스며들어 있

습니다. 저자는 그 열망이 어린이들에게 너무 어렵거나 무거워 보이지 않도록, 쉽고 친근하게 풀어놓는 배려도 잊지 않았습니다.

제가 어렸을 때 이런 책을 읽었다면 '보다 넓은 눈으로 세상을 바라볼 수 있었을 텐데…….'라는 생각을 하다 보니, 이 책을 읽을 어린이 독자들이 마냥 부럽습니다. 사람들의 건강은 단지 약이나 수술 도구가 아니라, 우리 사회의 불평등을 해소함으로써 지킬 수 있습니다. 그것을 깨닫는 어린이들이 많아진다면 우리의 미래는 분명 지금보다 건강하고 행복할 겁니다. 이 책을 통해 '이익 추구보다 생명과 건강이 먼저'라는, 오래되었지만 결코 낡지 않는 상식을 부모님과 어린이들이 깊이 되새겨 보는 기회를 갖게 되기를 기대합니다.

가정의학과 전문의 우석균

내 몸과 건강에 대해 질문을 던져 보자

'건강'의 뜻을 모르는 어린이는 아마 없을 거야. 하지만 건강에 대해 깊이 고민해 본 적이 있는 어린이도 별로 없을 거야. 건강을 위해 노력한다는 건 그저 음식을 골고루 먹고, 군것질을 줄이고, 열심히 이를 닦는 것 정도로 생각하는 친구들이 대부분일 테지.

이제부터 이모는 '건강'을 주제로 우리 몸 그리고 병과 약에 관한 이야기를 시작하려고 해. 꽤나 진지한 이야기이지만 장담하는데, 어떤 이야기책보다 더 흥미진진하고, 어떤 공포 영화보다 더 섬뜩하며, 어떤 컴퓨터 게임보다 더 친근할 거야. 이것은 다른 무엇도 아닌, 바로 우리 자신에 관한 이야기이고 우리의 권리에 관한 이야기이니까.

아플 때는 병원에 가고, 약을 먹지? 하지만 내 몸이 어떤 이유로 아프고, 병원에 가서 맞는 주사나 약국에서 받아먹는 약들이 내 몸에 어떤 작용을 하는지 생각해 본 적 있니? 사는 곳, 사는 시대에 따라 왜 다른 병에 걸리는지 궁금증을 품어 본 적은? 학교에서 영어, 수학, 사회 등을 배울 때는 온갖 질문을 던지면서, 정작 내 몸에 대해서는 제대로 질문을 던져 본 적이 없지 않니?

이모는 어쩌면 너희가 한 번도 해 보지 않았을 질문들을 하나하나 꺼내, 우리 몸을 둘러싼 다양한 이야기들을 풀어놓으려고 해. 때로 약이 독이 될 수도 있다는 사실, 병이 '생기는' 것이 아니라 '만들어지기도' 한다는 사실, 부자 나라가 꼭 건강한 것만은 아니라는 사실 등등. 조금은 불편한 이야기가 될 수도 있어. 하지만 나와 우리 사회의 건강할 권리를 외치기 전에 꼭 알아 두어야 할 이야기들이란다.

이 책은 어린이 잡지 《고래가 그랬어》에 연재했던 글을 묶어 2010년에 출간한 초판본을 다듬고 보충하는 과정에서 건강을 둘러싼 생각과 상황에 생긴 변화를 적극적으로 반영해 새롭게 선보이는 거야. 이 책을 통해 너희들이 자기 자신에 대해, 특히 자신의 몸과 건강에 대해 질문을 던져 보는 시간을 가질 수 있으면 좋겠어. 나아가 자기 자신의 이익과 행복만을 챙기려는 사람이 많아지는 이 시대에 다른 사람, 다른 생명의 건강에 대해서도 생각해 볼 수 있게 되길 바라. 그리고 우리 모두의 건강과 행복을 위해서 작게나마 실천할 수 있는 일들을 찾아보자. 이모도 계속 고민할게.

2026년 2월 김 선

차례

1부 몸, 병, 약을 둘러싼 건강 이야기

2부 나, 우리, 자연으로 이어지는 건강 이야기

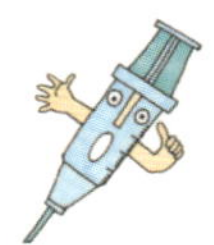

1부

몸, 병, 약을 둘러싼 건강 이야기

우리 몸은 어떻게 스스로 균형을 지킬까?
'병이 만들어진다'라는 말은 무슨 뜻일까?
왜 어떤 약은 안 먹느니만 못할까?
건강해지려면 어떤 노력을 해야 할까?

이제부터 병과 약에 숨겨진 비밀을 공개할 거야.
조금은 놀라운 이야기일 테지만,
우리 몸과 건강에 대해 새롭게 생각해 볼 수 있는 기회가 될 거야.
그럼 우리 몸을 둘러싸고 어떤 일들이 벌어지고 있는지 들여다볼까?

몸속 균형을 지켜라!

이모, 열 내리는 약 좀 주세요. 열이 나는 것 같아요.

철수 너, 조금만 아프면 엄살 부리면서 두통약이니 소화제니 달라고 보채는데 말이야, 약이 그렇게 좋니?

약이 좋을 리가 있어요? 아프면 놀지도 못하고 몸도 힘드니까 먹어 두려는 거죠, 뭐.

우리 몸에 병이 생기는 이유가 뭔지, 또 약을 먹으면 몸속에서 어떤 일이 일어나는지 알게 되면 덮어놓고 약부터 먹지는 못할걸?

이모는 어떻게 된 게 약사가 약 팔 생각은 안 하고, 약 달라는 사람을 겁줘서 내쫓으려고 해요?

내가 약 팔기 귀찮아서 겁주는 줄 알아? 약이 독이 될 수도 있다는 거, 어디 한번 들어 볼 테야?

헉! 독이라니. 그게 무슨 소리예요? 얼른 얘기해 주세요!

우리 몸이 아픈 경우는 크게 두 가지야. 감기나 폐렴처럼 미생물(세균이나 바이러스★)이 몸에 들어와서 아픈 경우와, 고혈압이나 당뇨처럼 몸에 이상이 생겨서 아픈 경우지. 하지만 결국 병이란 건 근본적으로 우리 몸의 균형이 깨져서 생기는 거고, 마찬가지로 병을 치료할 목적으로 만들어진 약도 그 균형을 회복할 수 있도록 도와줄 뿐이야.

우리 몸속에서는 무엇이든 넘치지도 않고 부족하지도 않게 균형을 맞추려고 애쓰는 여러 가지 일들이 일어나고 있어. 이걸 좀 어려운 말로 '항상성'이라고 해.

미생물이 들어와서 병에 걸렸다면, 그 미생물을 죽이면 해결되는 거 아니냐고? 그럼 약을 먹기만 하면 모든 병이 달아나 버릴까? 놀라운 사실을 하나 알려 주자면, 바이러스를 죽일 수 있는 약은 세상에 없단다! 약은 그저 우리 몸이 바이러스를 물리칠 수 있도록 도울 뿐이지. 그렇다면 우리 몸은 어떻게 바이러스를 물리칠 수 있는 걸까?

★ 세균과 바이러스는 대표적인 미생물이지만 둘은 전혀 다른 특징을 갖고 있어. 세균은 흔히 박테리아라고 하는 단세포 생물체로, 사람의 몸속에서든 몸 밖에서든 스스로 활동할 수 있어. 하지만 바이러스는 세균보다도 작은 입자로, 사람 몸과 같은 숙주가 없으면 생명 활동을 할 수 없어. 다만 숙주 밖에서도 일정 기간은 살 수 있지.

우리 몸은 외부 미생물의 공격에 대해 스스로 방어할 수 있는 능력을 지니고 있는데, 백혈구가 바로 그런 일을 해. '면역력'이라는 말 들어 봤지? 여기서 '면역'은 우리 몸이 바깥에서 들어온 미생물과 싸워 막아 내는 걸 말해.

가장 흔하게 걸리는 감기를 한번 살펴볼까? 감기를 일으키는 바이러스는 셀 수 없을 정도로 많아. 한두 종류의 바이러스를 막아 낸다 하더라도 감기를 완전히 치료할 수는 없기 때문에 치료약이 만들어지지 못하고 있지. 우리가 흔히 먹는 감기약은 바이러스를 죽이지도, 바이러스가 늘어나는 것을 막지도 못해. 그저 열을 내려 주고, 부은 목을 가라앉혀 주고, 두통을 줄여 줄 뿐이지. 몸의 기운이 너무 약해지면 감기 말고 또 다른 병에 걸릴 수도 있으니까 약을 먹는 거야. 예를 들어 편도선염이 심해진다거나 중이염으로 발전한다거나 할 경우엔 약을 먹는 것이 원칙이지.

우리 몸이 섭섭해할 수도 있으니 이번 기회에 똑똑히 기억해 두라고. 매번 바이러스와 죽어라 싸우는 건 약이 아니라, 우리 몸이라는 걸! 특히 감기처럼 백혈구가 바이러스를 죽여 몸이 스스로 낫는 경우는 '자연 치유'되었다고 해.

"감기에 걸리면 무조건 쉬는 게 약이다."라는 말씀을 어른들이 종종 하시지? 사실 감기 바이러스는 늘 우리 주위에 있거든. 우리 몸의 면역력이 약해지면 그 틈을 타 바이러스가 "옳다구나!" 하고 신이 나서 몸속으로 쳐들어오지. 감기에 걸렸을 때 잘 먹고 푹 쉬면 낫는 건 우리 몸이 튼튼해져서 감기 바이러스와 잘 싸우기 때문이야.

그러니 몸 밖에서 세균이나 바이러스가 들어온다고 해서 반드시 병에 걸리는 건 아니야. 몸이 건강하면 세균과 바이러스가 떼로 몰려와 공격해도

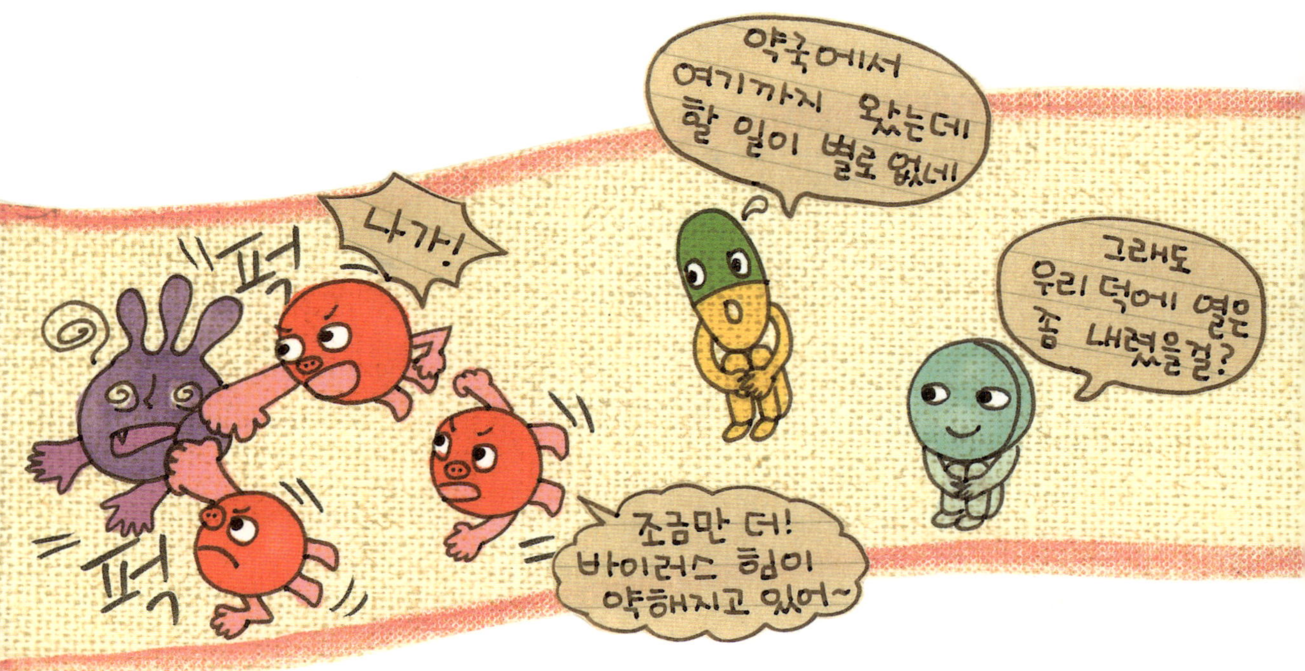

거뜬히 물리칠 수 있으니까. 오히려 스트레스나 심한 피로 때문에 병이 나기도 해. 스트레스를 많이 받으면 가볍게는 감기에서부터 심하게는 암처럼 무서운 병에도 걸릴 수 있는데, 그 이유는 바로 스트레스가 면역 기능을 약화시키고 몸 안의 균형을 깨뜨리기 때문이야. 그렇게 되면 세균이나 바이러스에 감염되기도 쉽고, 병에 걸려도 자연 치유가 어렵지.

사람 몸은 무척 복잡해서, 병에 걸린 원인이 단 한 가지만인 경우는 거의 없어. 원인이 복잡하면 할수록 치료하기도 어렵겠지? 확실히 '나았다'는 말을 하기도 힘들고 말이야. 고혈압이나 당뇨는 완전히 고치기 힘든 병의 흔한 예라고 할 수 있어.

이런 병에 걸렸을 때 먹는 약은 어떤 작용을 하는 걸까?

일단 고혈압을 예로 들어 보자. 고혈압은 몸속 혈액이 흐르면서 동맥벽에 가하는 압력이 지나치게 높은 걸 말해. 혈압이 높으면 혈관 벽이 두꺼워져서 중요한 혈관이 막히거나, 혈관이 풍선처럼 뻥 터질 수 있어서 위험하지. 생각만 해도 무시무시하지?

고혈압 약은 혈압을 낮춰 주는 일을 해. 그런데 혈압이 높아지는 이유는 너무 다양하고 복잡해서, 그 원인을 샅샅이 찾아내 완전히 없애는 것은 쉽지 않은 일이야. 그러니 약을 먹는 동안은 혈압을 어느 정도 낮출 수 있지만, 약을 먹지 않으면 다시 혈압이 높아지지. 그래서 약을 끊기가 무척 어려워져. 이건 당뇨도 마찬가지야. 물론 운동과 음식 조절로 약을 끊는 환자도 많아.

약에 관해 얘기해 둘 것이 또 있어. 몸속에서는 나름대로 균형을 맞추려고 애쓰고 있는데 몸 밖에서 약이 들어오면 오히려 몸의 균형이 깨지기도 한다는 것! 그럴 때 일어나는 걸 '부작용'이라고 하지. 아픈 곳을 낫게 하려다 도리어 건강했던 부분까지 아프게 될 수도 있다는 거야.

예를 들어 어린이 해열제로 가장 안전하다고 알려진 아세트아미노펜(타이레놀®이 가장 유명하지) 성분조차도, 적정량 이상을 먹으면 간에 심각한 독성을 일으키거든. 약은 쉽게 접할 수 있어서 별것 아니라고 생각하는 경우가 많지만, 잘못 먹게 되면 무서운 독이 될 수도 있어. 의사 선생님은 약의 효과와 부작용을 저울질해서 건강에 도움이 되는 방향으로 약을 처방해 주셔.

병에 걸리면 병원에 가서 진단을 받고 치료하는 것도 중요하지만, 무작정 병원이나 약국부터 찾을 것이 아니라 자기 몸의 능력을 믿고 근본적인 원인을 없애기 위해 노력할 필요가 있어. 평소에 균형 잡힌 식사와 규칙적인 운동을 하면서 몸 안의 균형을 유지하고, 스트레스나 피로가 쌓이지 않도록 노력하는 거지. 또, 병에 걸리더라도 '지금 내 몸이 나에게 균형이 깨졌다고 신호를 보내는구나.' 생각하면서 느긋하게 받아들이고 몸을 더 잘 돌본다면 몸도 마음도 훨씬 건강해질 수 있어.

약에 지나치게 의존하면 독이 될 수도 있겠군요. 흠, 그럼 이번에는 내 몸의 자연 치유력을 믿어 볼까? 이모, 열 내리는 약은 됐어요!

'병'이 만들어진다고?

미생물이 몸에 들어오거나 몸에 이상이 생겨서 아픈 것이 아니라, 어떤 병들은 만들어지기도 해. 혹시 병이 만들어진다는 얘기 들어 봤니?

당연히 만들어지겠지요. 텔레비전에서 봤어요. 뜨거운 불에 유리를 녹여서 만들던데요.

철수야, 우리끼리라도 그런 농담은 하지 말자.

죄송합니다아. 그런데 병이 만들어진다구요? 유리병 말고 몸에 생기는 병이 만들어진다니. 무슨 뜻인지 도통 감을 못 잡겠어요.

간단히 말해 예전에는 병이 아니었는데, 어느 날부터인가 병이 된 것들이 있어. 그 배경에 숨은, 조금은 섬뜩한 이야기를 시작해 볼게.

건강한 상태와 아픈 상태를 딱 잘라 구분하기는 어려워. 예를 들어, 감기를 생각해 보자. 목이 간질간질하다거나, 재채기가 한 번씩 난다거나, 몸이 으슬으슬하면 '감기 기운이 있다.'고 하지? 그러다가 심해지면 기침에, 콧물에, 열도 나지. 더 심해지면 온몸이 욱신거려서 아예 드러눕기도 해. 하지만 잘 먹고 잘 쉬면 점차 증상이 약해지면서 어느 날 보면 완전히 나아 있잖아. 그러니까 '몇 월 며칠 몇 시에 감기에 걸려 몇 월 며칠 몇 시에 감기가 나았다'고 정확하게 말하긴 힘들어.

이런 이유 때문에 의학적으로는 병을 진단하는 기준을 만들고 있어. 주로 각각의 병마다 몇 가지 특징적인 증상을 정하고, 그 증상들을 얼마나 가지고 있는지를 확인해서, 병에 걸렸는지 아닌지를 판단하도록 하고 있지. 병이라고 판단되면 약을 먹도록 하고 말이야.

그런데 과거에는 병이 아니었는데 최근에 와서야 병으로 규정된 것들이 있어. 왜일까? 물론 갈수록 건강을 위협하는 요인들이 더 많이 생기고, 건강과 병에 대한 사람들의 관심이 높아지고, 병과 관련한 정보를 얻기가 쉬워져서이기도 해. 하지만 한편으로는 약을 만드는 사람들이 계속해서 병에 걸릴 수 있는 원인들을 찾아내, 그것이 굉장히 심각한 것인 양 과장하면서 사람들을 불안에 빠뜨리고 있는 경우도 많아. ADHD(주의력 결핍 및 과잉 행동 장애)나 PMDD(월경 전 불쾌장애)와 같은 것들이 대표적인 예지.

ADHD는 주의력이 부족하거나 충동적이고 과다한 행동이 나타나는 병을 말해. 사실 이모가 어렸을 때에는 성격이 좀 급하거나, 한자리에 가만히

ADHD
삑

얼굴이 퉁퉁 부었어….
생리 전이라 예민해.
뜨어
PMDD
삑

우린 병에 걸리지 않았어!
아님 말고

앉아 있지 못하거나, 다른 사람 말을 주의 깊게 듣지 않는 친구들은 어디에서나 쉽게 볼 수 있었기 때문에 딱히 병이라고 생각하지 않았어. 이모만 해도 선생님이 말씀하실 때 딴생각하기 일쑤였고, 아주 진득한 성격은 못 되었으니까.

그런데 그걸 병이라고 규정하고 ADHD라는 병명까지 붙이고 나자, 그 병을 치료할 약도 함께 등장했어. 약을 먹으면 집중력과 기억력이 좋아지고, 부모님과 선생님 말도 잘 따르게 될 뿐만 아니라, 공부에도 흥미를 느끼게 된다면서 말이지.

황당한 사실은 이 약이 엉뚱한 데 쓰이고 있다는 거야. 바로 ADHD 치료약을, 중·고등학교 학생들이 '공부 잘하게 되는 약'으로 처방을 받아서 먹는다는 사실이지. ADHD 치료약 처방 건수는 시기적으로는 수능을 앞둔 10월에, 지역적으로는 교육열이 높은 강남에서 가장 많다고 해.

약만 먹으면 머리가 좋아지고 공부를 잘할 수 있게 된다니! 정말로 그런 약이 있다면 내가 먼저 사 먹고 싶다. 하지만 ADHD 치료약은 아무런 증상도 없는 사람이 단순히 집중력이 높아지리란 기대 때문에 먹기에는 부작용이 큰 약이야.

한편, PMDD는 여자들이 생리를 앞두고 평소보다 예민해진다거나 몸이 붓는 것 같은 변화가 있는 것에 '불쾌장애'라는 단어를 붙여 병으로 만든 거야. 생리는 몸속 호르몬에 의해서 일어나는 자연스런 현상이고, 생리 전 예민해진다거나 몸이 붓는 것도 그 호르몬에 의해 충분히 생길 수 있는 증상이지. 밤이 되면 잠이 오고, 밥 먹을 때가 되면 배가 고파지듯 사람 몸의 많은 현상들은 호르몬에 의해서 나타나고, 사람들은 그 대부분을 '자연스러운 것'으로 생각해 왔어.

그런데 이제는 PMDD를 치료한다는 목적으로 호르몬 양을 바꾸는 약이

나 덜 예민하게 만드는 약, 아픔을 느끼지 않게 하는 약 들을 쓰곤 해. 옛날엔 '자연스러운 현상'이었던 것이 왜 약을 써야 할 정도의 병이 된 걸까? 물론 일상 생활이 힘들 정도라면 약을 써야겠지. 다만, 그저 불편한 정도라면 약만 먹는 것보다는 집에서 쉬는 게 더 나은 방법 아닐까?

거기에는 약을 만들어 파는 제약 회사의 속셈이 숨어 있어. 오랫동안 자연스럽게 겪어 온 증상들을 심각한 병으로 규정해서 사람들에게 두려움을 심어 주려는 것이지. 그렇게 하면 사람들은 예전에는 병이라고 생각조차 못했던 증상들에도 덜컥 겁을 집어먹고 치료를 해야겠다고 생각할 거야. 생리 전 나타나는 증상들이 병이 아니었던 과거에는 "생리할 때가 되었나 보다." 하고 자연스럽게 받아들였지만, 월경 전 불쾌장애라는 이름이 붙은 뒤부터는 "내 몸에 또 병이 찾아왔구나!" 하면서 약을 찾게 된 것은 아닐까?

이렇게 병이 만들어지면, 이전에는 없던 '환자'가 생겨나지. 환자는 의학적인 관리의 대상이자, 치료약을 팔 수 있는 대상이 되는 거고. 그런데 앞에서 살펴본 것처럼 ADHD 치료약이 수험생들에겐 공부 잘하게 되는 약으로 둔갑하고, 예민하지 않게 해 주는 약이 곧 PMDD 치료약이 된다는 건 그만큼 병과 약의 기준이 모호하고, 또 속이거나 과장할 수도 있다는 거겠지. 분명한 건 이러한 점을 악용해 돈과 권력을 얻으려는 사람들이 있다는 거야.

그래서 요즘 제약 회사는 '약을 파는 회사'가 아니라 '병을 파는 회사'라는 악명까지 떨치고 있지. 불면증으로 괴로워하는 사람이 있다면, 생활 리듬이 불규칙한 직업을 가지고 있는 건 아닌지, 생활 습관이 나쁜 건 아닌지 등 잠을 잘 자지 못하는 원인을 밝히는 게 중요할 거야. 하지만 제약 회사는 불면증으로 고생하는 사람을 환자로 규정하고 약을 팔아 이익을 챙기는 데 관심이 있을 뿐이지. 우울증 약도 마찬가지야. 슬픈 일이 생기면 슬퍼하는 게 당연한 거잖아? 그러니 우울을 떨치려면 우울해진 이유를 찾아 없애는 것이 가장 좋은 해결책일 거야. 그런데 이제 사람들은 조금만 마음이 가라앉고 어두워져도 우울증 치료제를 찾을 정도로 약에 의존하게 되었어.

병을 고치기 위해 약을 만드는 게 아니라, 거꾸로 약을 팔기 위해 병을 만든단 말이 어떤 의미인지 이제 알겠지?

그야말로 '병 주고 약 주기'네요.

필요한 약이 필요한 곳에 쓰이도록

우리 주변에는 약이 참 많지? 약의 종류도 먹는 약뿐만 아니라 눈에 넣는 안약, 피부에 바르거나 붙이는 약, 몸속에 직접 넣는 주사약, 항문에 집어넣는 약에 이르기까지 정말 다양해. 살면서 약을 한 번도 접해 보지 않은 사람은 아마 거의 없을 거야.

사실 이모는 약을 다루는 일을 하면서도 약에 의존하는 걸 그다지 좋아하지 않아서 자주 먹지는 않는 편이야. 그래도 꼽아 보면, 의사 선생님의 처방 없이 약국에서 바로 사 먹을 수 있는 단순 감기약, 소화제, 진통제 같은 약들('일반 의약품'이라고 해)에서부터 병원에서 진료를 받고 처방을 받아야만 먹을 수 있는 약('전문 의약품'이라고 해)에 이르기까지, 꽤 많이 먹어 온 것 같아.

건강한 사람도 이런저런 약의 도움을 받게 되는데, 어딘가 크게 아파 치료를 받아야 하는 경우라면 더더욱 약이 건강, 나아가 생명에 직접적인 영향을 미치는 중요한 수단일 거야. 약은 다른 물건들과 마찬가지로 돈을 주고 사는 물건이기는 하지만 "자동차? 까짓것, 없으면 대중교통 이용하지." 하며 무시해 버리거나 "소고기는 너무 비싸니 닭고기나 돼지고기를 먹어야겠다." 하면서 다른 무언가로 대신할 수 없는 특성을 갖고 있지.

이러한 특성 때문에, '약을 먹을 권리'는 모든 사람에게 보장되어야만 하는 거야. 약은 병을 치료하기 위한 가장 간단하고 필수적인 수단이거든. 또, 이것이 바로 약을 만들고 사고파는 과정을 단순히 장사꾼 논리에만 맡길 수 없는 이유이기도 하고.

약 얘기를 하다가 갑자기 장사꾼이 왜 튀어나오냐고?

예를 들면 이런 거야. 가난한 사람들에게 꼭 필요한 물건과 부자들이 선호하는 사치품 가운데서 하나를 만들어야 한다면, 물건을 만드는 사람은 어느 쪽을 선택할까? 비싼 물건은 이윤도 많이 남고, 돈 많은 사람들이 많이 사 줄 테니까 사치품을 만드는 쪽을 택하겠지. 그게 바로 장사꾼 논리야.

크게 필요가 없는 물건도 반드시 있어야 하는 중요한 물건인 양 선전하는 것, 물건을 파는 사람은 하나밖에 없고 물건을 살 사람은 절박하다는 사정을 이용해 값을 높이는 것 등 또한 장사꾼 논리에 따른 행동이라고 할 수 있어.

세계보건기구(WHO)에 따르면, 아시아나 아프리카의 가난한 지역에서

말라리아예요!
약 좀 주세요!!
…

샤가스예요!
약 좀!
…

…결핵이에요.
약을!!

미;;
…약이 없어요.
말도 안 돼!!

그 질병들은 제약 회사에서
약을 만들지 않아요.
… 돈이 안되니까요…….

그럼 우리 아이들을
죽게 내버려두란
말이에요?!!
…그래서
방치된 질병들
이라고 하지요….
버럭

…가난한 나라에 더 널리 퍼져 있는
질병의 약보다 부자 나라에서 팔리는
약을 만드는 게 돈이 되잖습니까.
이럴 수가

는 무려 절반 가까운 사람들이 필수 의약품을 구하지 못하고 있다고 해. 그 이유는 필요한 의약품이 만들어지지 않거나, 만들어졌더라도 살 수 없기 때문이야.

사람들에게 필요한 의약품이 만들어지지 않는다니, 무슨 까닭일까? 필요하지 않은 물건도 필요한 것처럼 포장해서 파는 마당에 정작 필요한 물건을 만들지 않는다니, 좀 이상하지 않니? 그럼 다시 장사꾼 논리로 돌아가 볼까?

가난한 나라에 더 널리 퍼져 있는 설사병, 열대성 질병(말라리아, 샤가스병 등), 결핵과 같은 병들은 새로운 치료제가 쉬이 개발되지 않고 있어. 그래서 이 병들을 흔히 '방치된 질병들'(혹은 '무시된 질병들')이라고 해.

약을 만드는 사람들은 이런 질병을 치료하는 약을 만드는 건 돈이 안 된다고 생각했을 거야. 제약 회사들은 부자들에게는 없는 병도 만들어서 약을 팔지만, 가난한 사람들을 당장 죽게 만드는 병에는 별 관심이 없거든. 조사에 따르면 2000년부터 2011년까지 승인된 336개의 새로운 약 중에 오직 4개(1%)만이 방치된 질병(말라리아, 설사병)의 치료제였대.★ 이걸 보면 제약 회사들은 인간의 생명에 필요한 약을 먼저 개발하는 게 아니라, 돈을 많이 벌어다 주는 약을 우선으로 개발하고 있다는 걸 알 수 있어. 제대로 된 치료제가

★ 《랜싯 국제보건》(2013년 1권)에 실린 자료를 참고했어.

없거나, 있더라도 너무 오래된 것뿐이라 잘 듣지 않아서 결국 환자들이 꼼짝없이 죽는 경우가 많아.

그러면 약이 만들어졌는데도 살 수 없는 경우는 어떤 걸까?

홍역은 예방 주사만으로 간단하게 막을 수 있는 병이야. 또 설사나 폐렴은 약 먹고 치료만 잘 받으면 쉽게 나을 수 있는 병이지. 하지만 안타깝게도 아시아나 아프리카의 어린이들이 가장 많이 죽는 병이 홍역, 설사, 폐렴이라고 해. 현대에는 예방과 치료가 충분히 가능한 병들이지만, 가난한 나라 사람들은 간단한 약조차도 살 수 없어서 생명의 위협을 받고 있어. 위생 시설도 열악하고, 충분한 영양 공급도 어려운 가난한 나라 사람들에게는 예방과 치료가 비교적 손쉬운 작은 병조차도 치명적일 수 있기 때문이야.

이런 상황을 바꾸기 위해 각종 국제기구들이 제약 회사를 대신해서 노력하고 있어. 그 한 예가 가난한 나라들이 예방 주사약이나 치료제를 살 수 있도록 지원하는 거야. 가난한 나라에 더 널리 퍼져 있는 질병을 예방하고 치료하기 위한 기금을 모아 지원하기도 하고, 가난한 나라가 약을 더 싸게 살 수 있도록 도움을 주기도 하지. 이밖에도 값이 싸면서도 효과는 좋은 새로운 약을 직접 개발하거나, 개발을 지원하기도 해.

이렇게 국제기구는 여러모로 가난한 나라를 위해 애쓰고 있지만, 이것이 궁극적인 해결책이라고는 할 수 없어. 사람들이 계속해서 제대로 된 음식을 못 먹고 열악한 환경 속에서 살고 있다면, 의약품만을 공급하는 일은 '밑 빠진 독에 물 붓기'나 다름없을 테니까. 게다가 부자 나라들은 국제기구를 통해 가난한 나라들에 도움을 주는 것에 대해 온갖 생색을 내고 있지만, 사실 뒤에선 전쟁을 벌이고 불공정한 무역 협정을 맺으면서 가난한 나라들이 더 가난해지도록 만들고 있지.

사람들은 새로운 약만 개발되면 우리의 건강을 위협하는 여러 질병 문제가 해결될 거라고 믿고 있어. 물론 정말 필요한 약을 만들어 필요한 곳에 공급할 수 있다면, 아픈 사람들을 낫게 하고 수많은 생명을 살릴 수 있을 거야.

하지만 무작정 새로운 약이 개발된다고 해서 모든 사람이 건강해질 수 있는 건 아니야. 약을 만드는 사람들이 자신의 이익보다는 사람들의 건강을 진심으로 생각하고, 필요한 약이 필요한 곳에 쓰이도록 하는 것이 중요해. 그러려면 우선 필요한 약이 좋은 품질로 개발되어야 하고, 그 약이 적정한 가격에 공급되어야 하며, 또 적절하게 사용되어야 해.

‘약장수 맘대로’ 정해지는 약값

그런데요 이모, 약을 만드는 사람들도 결국 자기가 만든 약이 사람들한테 도움이 됐으면 해서 그 일을 하는 것일 텐데, 설마 그렇게까지 돈만 생각할까요?

그러면 실제로 어떤 일이 벌어지고 있는지 좀 더 자세히 알아볼까? 아무리 좋은 약이 만들어져도 너무 비싸거나 약이 충분히 공급되지 않아서 환자가 약을 먹을 수 없다면, 그 약은 무용지물이나 마찬가지겠지? 약값이 어떻게 정해지는지 지금부터 하나하나 살펴보자.

2001년에 한국에 들어온 백혈병 치료제 ‘글리벡’이라는 약이 있어. 기존 백혈병 약보다 효과가 훨씬 뛰어나서, 죽을 날만 기다리던 환자들이 생명을 연장할 수 있게 되었지. 문제는 약값이 너무 비싸다는 거였어.

백혈병 환자는 이 약을 하루에 네 알에서 여덟 알까지 먹어야 하는데, 제약 회사가 처음 제시한 가격이 한 알에 25,005원이었어. 그러니까 약값으로 하루에 10만 원에서 20만 원, 한 달이면 300만 원에서 600만 원의 돈이 들게 되는 셈이지. 환자들은 평생 먹어야 하는 이 약을 사기 위해 집까지 팔아야 할 지경이 되었지. 그나마 팔 집도 없는 환자들은 치료약을 눈앞에 두고도 먹을 수가 없었어.

결국 환자들은 거대한 제약 회사와 정부를 상대로 약값을 내려 달라며 싸웠지. 하지만 제약 회사는 이들의 간절한 요구를 무시한 채 약값을 내리지 않았어. 오히려, 자신들이 팔려고 하는 가격이 받아들여지지 않는다면 아예 약을 팔지 않겠다고 위협했지. 3년간의 싸움 끝에 제약 회사와 정부가 최종

합의한 가격은 고작 2,000원 정도 줄어든 23,045원이었어. 대신 제약 회사는 환자들에게 약값의 10%(2009년 말부터는 5%)를 보조해 주겠다고 했지.

다행히 건강 보험의 지원과 제약 회사의 약값 보조로 많은 백혈병 환자가 적은 비용으로 글리벡을 먹게 되었지만 문제는 여기서 끝나지 않았어.

글리벡이 듣지 않는 백혈병 환자들이 먹는 '스프라이셀', 기존 에이즈 치료제가 듣지 않는 에이즈 환자들이 먹는 '푸제온' 등 환자의 생명을 좌우할 수 있는 필수 의약품들이 제약 회사의 장삿속 때문에 글리벡과 똑같은 과정을 거쳤거든. 제약 회사가 비싼 가격을 제시하고, 그 가격이 받아들여지지 않으면 공급을 중단하고, 결국은 비싼 가격에 팔리게 되는 악순환 말이야.

이런 문제가 생기는 건 '특허'라는 제도가 나쁘게 이용되고 있기 때문이야. 특허는 새롭고 유익한 물건, 또는 물건을 만드는 방법을 발명한 사람에

하지만 글리벡이 듣지 않는 백혈병 환자들은?

다른 약을 먹어야 하는 환자들은 또 싸워야 했어.

제약 회사의 횡포로 환자들의 고통은 되풀이되고 있어.

게 혼자서만 팔 수 있는 권리를 주는 제도야. 그러니까 처음 약을 개발한 사람은 그 약을 만드는 방법을 공개하지 않고 일정 기간 동안 독점적으로 팔 수 있어. 설령 다른 사람이 만드는 방법을 알아내더라도, 그 기간 동안에는 만들어 팔 수가 없지.

그런데 특허의 목적은 약을 개발하는 데 들어간 노력이나 비용을 보상해 주고, 궁극적으로 만드는 방법을 공개해서 많은 사람이 활용할 수 있게 하려는 데 있어. 즉, 계속해서 더 좋은 약이 개발될 수 있도록 북돋아 주되, '비법'을 개발한 사람이 무덤까지 들고 가지 않게 하기 위해 만든 제도지. 원래는 좋은 취지의 제도지만, 제약 회사는 자기만 팔 수 있다는 사실을 악용해서 얼토당토않은 약값을 내세워 이익을 챙기고 있어. 결국 죽어 가는 사람을 살릴 수 있는 뛰어난 약이 개발되어도, 제약 회사가 요구하는 비싼 값을 치를 능력이 되는 사람만 생명을 구할 수 있는 거지.

이렇게 특허가 악용되는 것을 막기 위해서, 세계무역기구(WTO)는 이윤을 추구하지 않고 사회 전체의 이익을 위해 사용할 경우에는 먼저 약을 만들어 사용한 뒤 나중에 특허권에 대한 값을 지불할 수 있도록 해 놓았어. 이것을 '강제실시'라고 해. 또 같은 약이라도 자기 나라보다 다른 나라에서 더 싸게 팔고 있다면, 다른 나라의 약을 수입할 수 있도록 하기도 해. 이것을 '병행수입'이라고 하지.

하지만 거대 제약 회사가 있는 부자 나라들은 세계무역기구나 자유 무역 협정과 같은 각종 무역 협정을 통해 특허 기간을 20년으로 늘리고, 강제실시나 병행수입을 못 하게 하는 등 특허권을 강화해서 가난한 나라를 압박하고 있어. 특허는 기술 수준이 높은 부자 나라가 가지고 있는 경우가 대부분이라서, 특허권을 강화하면 가난한 나라들이 부자 나라의 기술마저 배울 수 없어서 나라 간의 빈부 차이는 점점 더 커지게 되지.

물론 새로운 약 하나를 개발하기 위해서는 많은 노력과 시간, 그리고 돈이 들어가. 이런 이유로 제약 회사들은 약값을 비싸게 매기는 것이 정당하다고 주장해. 하지만 제약 회사는 약의 개발 비용을 제대로 밝히지 않기 때문에, 우리가 내는 약값에서 순수하게 약을 만드는 데 들어가는 비용이 얼마인지 알 수가 없어. 다만 제약 회사의 호주머니로 들어가는 진짜 이익, 곧 '순이익'이 다른 분야에 비해 매우 크다는 사실은 제약 회사들의 주장이 옳지 않다는 것을 짐작하게 해 주지.*

무엇보다도, 약은 다른 물건들과 다르잖아. 약을 만드는 일은 원피스나 액세서리를 만드는 것과는 차원이 다르단 말이지. 건강, 나아가 생명에 직접적인 영향을 주는 물건이고, 그렇기 때문에 다른 물건들과 다르게 정부도 적극적으로 지원을 하고 있어. 연구·개발비를 지원하는 것은 물론 환자가 약을 구매하는 비용까지 말이야. 결과적으로 이러한 지원은 국민이 낸 세금과 건강 보험료를 통해서 하는 거지만.

이런 이유 때문에 약을 만드는 데 들어간 비용은 제약 회사 혼자만 꽁꽁 감추고 있을 게 아니라, 투명하게 공개되어야만 해. 그래야 약값을 합리적으로 매길 수 있을 테니까. 지금처럼 약을 만드는 사람이 약값을 마음대로 정한다면, 사람들이 약을 먹을 권리는 결국 약을 살 돈이 있느냐 없느냐에 따라서만 정해지게 될 거야. 특히 약이 훨씬 필요한 가난한 나라, 가난한 사

* 《Fortune》이 선정한 2025년 세계 500대 기업 순위를 참고했어. 순이익이 높은 기업 1위부터 50위 중 총 4개 기업이 제약 회사였어. 총수입(들어간 비용을 빼기 전 수입) 순위로는 모두 100위권 바깥인데도 말이지.

람들은 약을 먹을 기회가 더더욱 줄어들게 되겠지.

무엇보다 특허는 특허권을 가진 사람만이 아닌, 공공의 이익에 도움이 되도록 사용되어야 해. 또 필요한 경우 강제실시나 병행수입과 같은 제도들을 적절히 이용할 수 있도록 해야 해. 특허라는 제도 대신에, 발명가에게 충분한 보상을 하는 방안도 생각해 볼 수 있어.

이익을 목적으로 하지 않는 공공 제약 회사를 만드는 방법도 있지. 민간 제약 회사가 만들려 하지 않는 필수 의약품을 개발하거나 생산할 수 있고, 가격도 저렴하게 정할 수 있어.

누구나 언제든 아플 수 있고, 아프고 싶어서 아픈 사람은 이 세상에 아무도 없어. 치료약이 없는 것도 아닌데 단지 약을 살 돈이 없어서 사람들이 죽어 가게 내버려두는 건 너무 잔인한 일이야. 그러니 '약장수 마음대로' 약값을 결정하지 못하도록 각 나라 정부와 국제기구들이 앞으로 더 노력해야 해.

약이라고 하기 부끄러운 약들

약을 먹을 권리에는 '좋은 약을 먹을 권리'도 포함돼. 우리가 무심코 먹고 있는 약들은 모두 정말 필요한 약, 좋은 약들일까? 새로 개발된 약들은 모두 이전보다 좋은 약인 걸까?

대부분의 사람은 질병과 약에 대한 전문적 지식이 부족하게 마련이라서 텔레비전이나 신문에 나오는 갖가지 약 광고에 나도 모르는 새 혹하게 돼. '텔레비전에 나오던데…….', '신문에서 얘기하던데…….' 하면서 광고만 믿고 덥석 약을 사 먹게 되지. 약만 먹으면 몸에 생긴 크고 작은 문제들이 단번에 해결되기라도 할 것처럼 말이야. '필요한 약이니까 만들었겠지.', '새로 나왔다는데.', '큰 제약 회사에서 만든 건데 믿을 만하겠지.', '이 약을 먹으면 정말 건강해지겠지.' 이러면서 말이야.

철수 너도 저번에 텔레비전에서 광고하는 '키가 쑥쑥 크는 약' 달라고 일주일 내내 이모를 졸랐잖아. 그때 할아버지께서 뭐라고 하셨어? 저런 건 다 쓸데없다, 밥이 보약이라고 말씀하셨지? 그건 정말 맞는 말씀이야.

영양가 많은 음식을 골고루 먹고, 규칙적으로 운동하고, 즐겁게 생활하고, 푹 쉬는 것. 이거야말로 좋은 약이지. 그렇지만 약을 만들고 파는 사람들은 이런 것이 중요하다고 말하지 않아. 그저 '이 약 한 알만 먹으면!' 건강

해질 거라고 하지. 감기에 걸리면 푹 쉬기보다는 당장 약국으로 달려가 감기약을 먹는 것, 고혈압이나 당뇨 같은 성인병에 걸렸을 때 운동이나 음식 조절은 하지 않고 약만 꼬박꼬박 챙겨 먹는 것, 몸무게를 줄이겠다며 식사 조절이나 운동 대신 '살 빼는 약'을 선택하는 것……. 이런 것들이 모두 잘못된 정보에 길들여졌기 때문이야.

제약 회사들은 병의 범위를 자꾸만 넓히고, 없던 병도 만들어 사람들을 불안에 빠뜨리고 있어. 그러면서 약을 끊임없이 만들어 내고, 광고를 통해 사람들이 사도록 부추기지. "당신은 지금 결코 건강하지 않습니다! 당장 이 약을 드세요." 하면서 말이야. 심지어 음식으로 먹으면 충분할 걸 굳이 약으로 만들어 엄청난 효과를 가진 것처럼 선전하기도 해.

그뿐인 줄 아니? 기존의 약에 몇 가지 성분을 갖다 붙인 뒤 완전히 새로운 약인 것처럼 특허를 받아 내기도 해. 이렇게 얄팍한 수법으로 특허를 받고, 약의 효능을 높이는 데 돈을 쓰기보다는 약을 선전하는 데 어마어마한 돈을 쓰고 있지. 약효는 이전에 있던 약과 별 차이도 없으면서 효과가 엄청 좋아진 것처럼 광고를 하고 값만 더 비싸게 받는 거지. 하지만 정말 좋은 약이라면, 뭐하러 쓸데없이 광고에 많은 돈을 들이겠어?

물론 모든 약이 나쁘다는 얘기는 아니야. 과학이 발달하면서 정체를 모르던 증상의 원인이 밝혀지고, 획기적인 약이 개발되어서 죽어 가던 사람들을 살리기도 해. 에이즈(후천성 면역 결핍증)는 세상에 처음 알려졌을 때 치료가 불가능하고 꼼짝없이 죽는 병이었지만, 지금은 다양한 치료제가 개발되어 관리만 잘하면 정상적으로 생활할 수 있게 되었어. 에이즈를 일으키는 원인 바이러스에 감염되어도, 치료를 빨리 시작하면 비감염인과 비슷한 수명을 누린다고 해. 즉, 에이즈는 관리해야 하는 질병이지, 죽을병은 아니라는 얘기야. 물론 비싼 에이즈 치료제를 사 먹을 수 있는 사람에게 한정되는 얘기지만 말이야.

이런 절박한 약이 아니더라도, 바이러스 증식을 억제함으로써 우리 몸이 스스로 나을 수 있게 도와주는 약, 고통을 덜어 주는 각종 진통제 등 먹음으로써 낫는 기간이 줄어들거나 삶의 질이 높아진다면 그것은 그것대로 필요한 약이라고 할 수 있지.

약에 대해 그동안 생각지도 못했던 사실들을 많이 알게 됐지? 약이라면 무턱대고 믿고 의존하는 것도, 그렇다고 무조건 약 안 먹고 버티는 것도 올바른 자세라곤 할 수 없어. 약의 좋은 면과 안 좋은 면을 두루 알고, 스스로 현명한 선택을 내리는 것이 중요하지. 또, 제약 회사들이 좋은 약을 만들어 적정한 가격에 판매하고, 제대로 된 정보를 제공하도록 긴장을 늦추지 말고 지켜봐야 할 거야.

퍼블릭 시티즌(Public Citizen)*이나 건강 사회를 위한 약사회**와 같은 시민단체들이 그러한 역할을 하고 있어.

* http://www.citizen.org/

** http://www.pharmacist.or.kr/

퍼블릭 시티즌은 1971년에 만들어져 100만 명의 회원이 가입되어 있는 미국의 소비자 단체야. 소비자의 권리를 지키기 위해 출발해서 제약 회사, 원자력 회사, 자동차 회사 등을 감시하고, 소비자 안전을 해치는 잘못된 행위를 알려 바로잡는 일을 하고 있어. 약의 잘 알려지지 않은 부작용, 의약품을 허가하는 관청과 제약 회사 간의 비리 등을 알려 왔고, 몇몇 기업에게만 이익이 되는 불공정한 무역 협정에 대해서도 문제를 제기해 왔어.

건강 사회를 위한 약사회는 1990년에 100명의 회원으로 시작해 이제는 400명에 가까운 회원을 가진 한국의 약사 단체야. 보건 의료 단체들과 함께 모든 사람의 건강권과 약을 먹을 수 있는 권리를 위해 힘쓰고 있어. 효과가 불분명하거나 위험한 약에 대해서 알리거나, 정부의 의약품 관련 정책을 감시하기도 하지. 특히 글리벡과 같이 비싼 필수 의약품을 최대한 싼 값으로 먹을 수 있도록 환자들과 함께 싸워 왔어.

이제 저도 약 광고가 나올 때 두 눈 크게 뜨고 봐야겠어요. 정말 필요한 약, 좋은 약인지 말이에요. 시민 단체에서 어떤 일을 하는지도 살펴보고요.

약, 잘 쓰고 잘 버리자!

약을 잘 만들고 잘 공급하는 것이 중요하다는 것은 이제 알았을 테고, 이번에는 약을 잘 쓰고 잘 버리는 방법에 대해서 이야기해 보자. 약을 잘 쓰고 잘 버리는 건 우리 자신의 건강을 위해서뿐만 아니라 다른 사람들, 다른 생물들, 또 우리 후손의 건강을 위해서도 중요한 일이거든. 철수는 혹시 '폐의약품 수거'에 대해 들어 본 적 있어?

병이나 캔을 재활용하는 것처럼 남은 약을 모아서 재활용하는 건가요?

큰일 날 소리! 약을 재활용하다니. 그게 아니라, 약은 환경 오염을 일으킬 수 있기 때문에 잘 버려야 한다는 거야. 더는 쓰지 않는 약을 약국이나 보건소, 구청이나 주민센터에 가져가면, 모아서 따로 버려 줘. 쓰레기통이나 하수구, 변기 등 아무 곳에나 버리지 않도록 말이야. 2023년 한 해 동안 전국적으로 713톤의 약이 수거됐대. 이것은 무려 1.5톤 트럭 475대를 채우는 양이야. 엄청나지?

헉! 버리는 약이 그렇게나 많다고요?

그 많은 약을 그동안 환경 생각 않고 마구 버려 왔다고 생각하면 끔찍하지.

약 잘 쓰기

약도 우유나 빵처럼 유효 기간이 있다는 사실, 알고 있니? 약은 유효 기간이 지나면 약효가 떨어질 뿐 아니라 상할 수도 있어. 그래서 약을 제대로 보관하고 쓰는 것은 버리는 약을 줄이기 위해서도, 제대로 된 치료를 위해서도 무척 중요한 일이야.

그렇다면 약을 어떻게 보관하고 써야 할까?

약국에서 약을 사면 상자에 유효 기간이 적혀 있지? 사용 설명서도 함께 들어 있고 말이야. 대부분의 가정에서는 여러 가지 약을 한곳에 보관하기 때문에 설명서가 없으면 나중에 어느 약을 어디에 써야 할지 모르는 경우가 곧잘 생겨. 또, 약상자가 없으면 유효 기간이 얼마나 남았는지 알 수가 없어서 쓰지 못하게 되기도 해. 그러니 약은 반드시 상자와 사용 설명서와 함께 보관하고, 보관할 때는 사용 설명서에 적힌 보관법대로 보관해야 해. 유효 기간은 적절하게 보관했을 경우에 적용되거든.

병원에서 준 처방전으로 약을 지었을 때에는, 의사 선생님이 처방해 주신 대로 바로바로 먹는 게 중요해. 약을 남겨 뒀다가 다음번에 비슷한 증상이라고 함부로 먹는 건 위험한 일이야. 언뜻 비슷해 보여도 실제 몸 상태는 다를 수 있기 때문에 부작용이 생길 수도 있어. 처방약은 일단 개봉된 데다, 여러 약이 섞여 있기 때문에 확실한 유효 기간도 알 수가 없거든.

가장 중요한 건 약을 필요 이상 사지 않는 거야. 버릴 약이 생기지 않도록 말이야.

약 잘 버리기

우리가 버린 쓰레기 대부분은 땅에 묻히거나 하수구를 통해 강으로 흘러 들어가지. 어떤 쓰레기든 함부로 버리면 환경을 오염시키지만 특히나 약의 경우엔 그 정도가 더 심각하다고 해. 땅에 묻히거나 강으로 흘러 들어간 약은 환경에 어떤 영향을 미치게 될까?

폐의약품 수거의 결과로 모이는 약들 중엔 항생제나 성호르몬이 포함된 피임제도 있대. 피임제는 임신이 되지 않게 조절해 주는 약이야. 이런 약이

환경에 흘러 들어간다면 생물들의 번식에 심각한 영향을 미칠 수 있어. 피임제가 하수 처리장에서 걸러지지 않아 하류에 사는 물고기의 성별이 바뀌었다는 조사 결과도 있지.

그럴 수가! 우리가 버리는 약을 물고기들이 먹는군요.

맞아. 쓰레기통에 버린다고 해서 약이 사라지는 건 아니거든. 결국 어디론가 흘러가서 환경을 오염시키지. 죄 없는 물고기들에게 피해를 주기도 하면서 말이야.

결국 남은 약 모으기는 물고기를 위해 하는 거였군요.

그런데 남은 약 모으기는 꼭 물고기를 위한 것만은 아니야. 우리 모두를 위한 거지. 과학자들은 버려진 약들이 사람에게 어떤 영향을 미칠지 알 수 없다고 경고하고 있어.

항생제를 예로 들어 볼까?

항생제는 우리 몸에 병을 일으키는 균을 죽이는 약이야. 그런데 이 균들도 항생제의 공격을 자주 받다 보면 항생제를 물리칠 요령을 터득하게 돼. 항생제가 공격해도 죽지 않을 수 있게 자기 몸을 바꾸는 거지. 이렇게 바뀐 균을 '내성균'이라고 해. 내성이란 '견딜 수 있는 힘'이라는 뜻이야. 항생제를 많이 쓰면 쓸수록 내성균이 많이 생기고, 그러면 병에 걸렸을 때 치료제가 잘 안 들을 수도 있어. 그러니까 항생제가 많이 버려지면 산과 들과 강을 떠돌아다니며 물고기나 동물들에게 나쁜 영향을 미치고, 또 그 영향이 사람에게로 돌아오지 않겠어? 미래의 우리 후손들에게도 말이야. 그러니 이건 나 혼자만의 문제가 아니라 전 인류, 전 생물의 문제가 되는 거지.

이렇게, 약을 잘 쓰고 잘 버린다는 건 우리 모두의 건강과 환경을 함께 지키는 일이야. 아주 간단하고 쉽게 할 수 있는 일이니까 지금 당장 실천해 보면 어떨까? 냉장고 안이나 약상자 등 집 안 곳곳에 있는 안 쓰는 약들을 부모님과 함께 정리하면서 이모한테 들은 얘기들을 해 봐.

부모님 눈이 휘둥그레지실걸?

한편, 약을 만들어 파는 제약 회사에도 책임을 요구해야 해. 유럽에서는 제약 회사가 약을 판 양에 비례해서 폐의약품 수거를 위한 비용을 내도록 하고 있어. 또 새로운 약을 팔기 위해서는 약의 성분이 환경에 미칠 영향에 대해 미리 보고해야 하지.

돈벌이가 목적인 제약 회사가 스스로 비용이 드는 일을 하기를 기대하기 어렵기 때문이겠군요? 한국에도 필요하겠네요!

감기와 독감

이모, 저 감기약 하나 주세요. 추운 날씨에 밖에서 너무 오래 놀았거든요. 예방이 되게 약 좀 먹어 둬야겠어요.

감기를 어떻게 약으로 예방하니?

아, 그럼 독감 예방 주사를 맞아야 하나요?

쯧. 철수 너, 감기와 독감이 다르다는 걸 아직도 모르고 있구나.

감기와 독감, 다른 거야?

우리 몸이 아픈 경우를 크게 두 가지로 나눌 수 있다고 했지? 하나는 미생물이 몸에 들어와서 아픈 경우, 다른 하나는 몸에 이상이 생겨서 아픈 경우라고 말이야.

감기와 독감은 모두 바이러스가 몸으로 들어와서 아픈 경우야. 하지만 감기와 독감은 여러 면에서 전혀 다른 병이야.

우선 감기는 가벼운 증상으로 시작해 점차 심해지는 반면, 독감은 증상이 아주 빠르게 심해지지. 또 콧물, 코막힘, 재채기 같은 일반적인 증상만 있다면 감기일 가능성이 크지만, 두통, 오한, 근육통과 같은 증상이 있다면 독감을 의심해야 해.

무엇보다 감기와 독감은 병이 생기는 원인이 달라.

감기는 여러 종류의 바이러스에 의해서 걸릴 수 있어. 몸에 들어온 다양한 바이러스들이 재채기를 일으키거나 콧물이 나게 하는 거지. 바이러스 종류가 하도 다양해서 몸에 일어나는 증상이 정확히 어떤 바이러스 때문인지도 알기 어려워.

반면에 독감은 '인플루엔자 바이러스'라는 한 종류의 바이러스 때문에 일어나. 독감을 '인플루엔자'라고도 해. 그러니까 감기가 독해지면 독감이 된다는 생각은 잘못된 거지. 독감의 증상이 감기보다 훨씬 독한 것은 사실이지만 말이야.

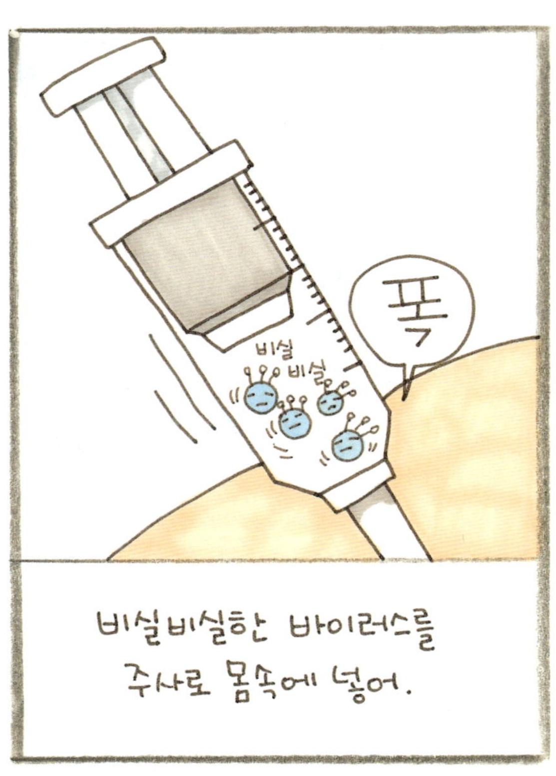

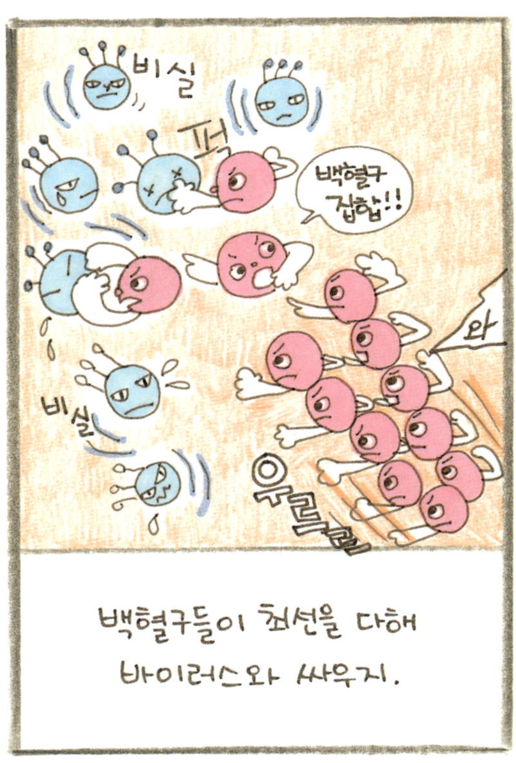

▲예방 주사의 원리

감기는 원인 바이러스의 종류가 다양하고, 한 종류의 바이러스 안에도 여러 가지 형태가 있어서 예방약을 개발하기 어렵지만, 독감은 원인 바이러스가 인플루엔자 한 종류이기 때문에 그에 따른 예방약이 있어.

바이러스로 바이러스를 막는 예방 주사

그런데 독감 예방 주사를 맞으면 어떻게 독감에 안 걸릴 수 있는 걸까?

독감 예방 주사는 인플루엔자 바이러스를 몸속에 넣는 거야. 독감에 안 걸리려고 예방 주사를 맞는 건데, 인플루엔자 바이러스를 몸속에 집어넣는다니, 이게 무슨 소릴까?

같은 바이러스에 대해 항체가 만들어져. 이런 힘을 면역력이라고 해.

힘이 센 바이러스들이 쳐들어와도 한 번 싸워 봤기 때문에 쉽게 물리칠 수 있어.

예방 주사는 우리 몸이 외부에서 들어온 특정 물질에 대해 기억할 수 있는 능력을 이용한 거야. 대신 예방 주사로 놓는 백신은 팔딱팔딱 힘이 넘치는 바이러스가 아니라 힘이 없는 바이러스야. 특히, 독감 예방 주사는 죽은 바이러스를 사용하지. 홍역, 수두, 결핵 등의 예방 주사는 살아 있지만 약하게 만든 바이러스를, B형 간염 예방 주사는 바이러스의 일부를 잘라 놓은 것을 사용해.

우리 몸은 바깥에서 미생물이 들어오면 그것과 싸워 막아 내는 면역력이 있다고 했지? 면역력은 크게, 태어날 때부터 가지고 있는 면역과 후천적으로 생기는 면역으로 나누는데, 예방 주사는 바로 이 후천적인 면역 원리를 이용한 거야. 세균이나 바이러스가 쳐들어오면 우리 몸은 최선을 다해 싸우고, 다음에 같은 것들이 들어왔을 때 바로 알아보고 단번에 물리치지. 조금 더 정확히 얘기하면 우리 몸속의 백혈구가 세균이나 바이러스와 싸우는 건데, **한번 싸우고 나면 싸운 세균이나 바이러스에 대해 힘이 커져서 다음번 공격에 준비를 할 수 있게 돼. 우리 몸의 이런 힘을 '면역력'이라고 해.**

독감 예방 주사를 맞으면 약한 바이러스와 싸우면서 바이러스에 대한 항체가 생겨서 진짜 독감에 걸리더라도 잘 싸울 수 있게 되는 거지.

그런데 인플루엔자 백신은 결핵이나 홍역 백신처럼 한두 번 맞으면 평생 면역력이 지속되는 게 아니라서 매년 맞아야 해. 인플루엔자 바이러스가 자기 모양을 조금씩 바꾸기 때문이야. 올해 유행하는 인플루엔자 바이러스가

감기에 대해 우리가 갖고 있는 오해들!

날씨가 추워지면 감기에 잘 걸린다.

▶사람이 많은 곳이나 실내에서는 공기 중에 있는 바이러스나 다른 사람에게 있는 바이러스에 감염되기 쉽지. 가을이나 겨울철에 감기에 잘 걸리는 이유는 날이 추워져서가 아니라, 바이러스와 접촉할 가능성이 더 크기 때문이야. 추운 날씨 때문에 사람들이 주로 실내에 머물게 되니까. 한편 차갑고 건조한 공기가 바이러스가 살아남는 데 도움을 주고 우리 몸이 바이러스를 막는 것을 어렵게 만든다고도 해.

감기가 심해지면 독감이 된다.

▶감기와 독감은 원인 바이러스가 다른 별개의 병이야. 독감은 인플루엔자 바이러스 한 종류에 의해서 생기지만, 감기는 리노 바이러스, 코로나 바이러스, 아데노 바이러스 등 다양한 바이러스에 의해서 생길 수 있어.

항생제는 감기 증상을 줄여 준다.

▶항생제는 세균을 죽이는 약인데, 감기는 바이러스가 원인이기 때문에 감기에 항생제를 쓰는 것은 아무 효과가 없어. 감기에 걸린 이후 2차적으로 세균에 감염된 경우라면 항생제가 도움이 될 수 있지.

감기 걸렸을 땐 병원 가서 주사 한 방 맞는 게 최고다.

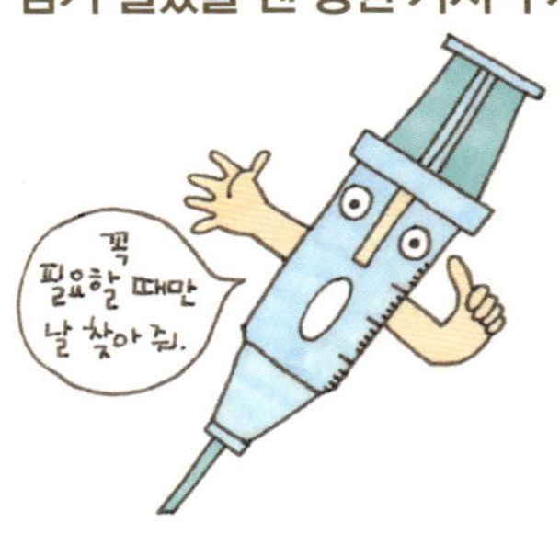

▶감기에 걸렸을 때 맞는 주사는 먹는 약과 성분이 비슷해. 단지 주사제는 혈액 속으로 들어가는 시간이 짧아서 작용이 빠른 반면, 먹는 약은 소화된 후에 작용하기 때문에 시간이 조금 더 걸린다는 차이점이 있을 뿐이지. 특히 주사제는 염증이나 신경 장애 등을 일으킬 수도 있어서 먹는 약보다 위험성이 크니까 꼭 필요한 경우에만 맞는 게 좋아.

작년에 유행했던 바이러스와 다르다는 얘기지. 그래서 그해에 유행하는 바이러스 백신으로 매년 새로 예방 주사를 맞아야 하는 거야. 백신이 몸에서 면역력을 만드는 데는 2주 정도가 걸리니까 예방 주사는 독감이 유행하기 전에 맞는 것이 좋은데, 젊고 건강한 성인이라면 반드시 맞을 필요는 없어.

감기약의 원리

우리가 감기에 걸렸을 때 먹는 감기약은 치료제가 아니라 증상을 줄여 주는 약이야. 콧물, 기침, 열, 가래 같은 증상들 말이야. 감기약으로 쓰이는 성분들은 해열·진통·소염제(열을 내리고 통증과 염증을 줄임), 기관지 약(기침을 멎게 하고 가래를 없앰), 콧물 약(콧물을 멎게 하고 코 막힘을 풀어 줌) 정도인데, 모두 감기 바

이러스로 인한 증상을 줄여 주는 약이지, 바이러스 자체를 없애 주는 약은 아니야.

그래서 흔히 '감기는 약을 안 먹으면 1주일 만에 낫지만, 약을 먹으면 7일 만에 나을 수 있다.'고 표현하기도 해. 결국 약을 먹으나 안 먹으나 낫는 데 걸리는 시간은 같다는 거지.

약을 먹으면 증상이 가라앉아서 생활하는 데 불편함이 다소 줄어들긴 해. 하지만 여러 증상들 또한 우리 몸이 바이러스와 싸우는 과정에서 나타나는 것들이라서, 무조건 약을 먹는 것은 오히려 몸이 낫는 것을 방해할 수도 있어. 그러니까 감기에 걸렸을 땐 그저 잘 먹고 충분히 쉬면서 우리 몸이 스스로 바이러스를 물리치도록 하는 수밖에 없어. 물론 증상이 너무 심해지면 폐렴, 중이염 같은 병으로 발전할 수도 있기 때문에 적절한 치료는 필요해.

아토피 피부염, 천식, 알레르기 비염에 모두 쓰는 만병통치약?

근데 이모, 왜 그렇게 자꾸 여기저기 긁으세요? 자꾸 긁는 거 보니까 저까지 가려워지려고 하잖아요.

이모도 괴로워. 아이고.

그러게 평소에 좀 씻고 사시지.

가려운 건 아토피 피부염 때문이야. 피부가 건조해지고 가려운 병이지. 가려움이 심해져서 자꾸 긁으면 피부가 두꺼워지고 까칠까칠해져서 보기에도 흉해.

그러니까 잘 안 씻어서 피부염에 걸린 거잖아요.

아니라니까. 아토피 피부염은 알레르기 질환의 일종이고, 알레르기라는 건 어떤 물질에 대해 우리 몸이 과민하게 반응하는 것을 말해. 아직 확실한 원인에 대해선 밝혀진 것이 없어.

그럼, 잘 씻는다고 아토피 피부염이 낫는 건 아닌가 봐요?

어휴, 이 끈질긴 녀석. 아토피 피부염뿐만 아니라 천식이나 알레르기 비염도 알레르기 질환에 속하는데, 근본적인 원인을 모르니까 다들 '과민한 반응'을 줄여 주는 약을 치료제로 쓰고 있어. 병을 완전히 낫게 해 주지도 못하는 약을 말이야.

참 고약한 병이네요. 그런 게 왜 생길까요?

우리 몸, 정확히 말하면 백혈구가 외부 미생물의 공격에 대해 싸우는 것을 면역이라고 했지? 한번 싸우고 나면 싸운 세균이나 바이러스에 대해 싸울 수 있는 힘이 생겨서 다음번 같은 공격을 받을 때 더 잘 싸울 수 있다고도 했어. 그런데 미생물이 아닌 다른 자극 물질에 대해서 우리 몸이 과민하게 반응을 하는 경우가 있어. 알레르기가 바로 그런 경우지. 자극 물질을 만난 백혈구가 여러 가지 염증 매개 물질을 분비하면, 이 물질이 혈관의 구멍을 헐겁게 만들어. 헐거워진 구멍을 통해 혈액 속에 있던 다른 백혈구들도 자극에 대처하기 위해 그 부위로 몰려오지. 이러한 과정을 염증 반응이라고 해. 염증 반응이 일어난 자리에는 부종이 생기는데, 이 부종으로 인해 피부인 경우에는 아토피 피부염이, 기관지인 경우에는 천식이, 코인 경우에는 알레르기 비염이 생기는 거야.

알레르기 관리
호흡기 건강을 위해서 구강 위생과 손발의 청결 유지!
치카 치카
침구류는 햇빛에 자주 말리고, 최소한 1-2주에 한 번 이상 70도 이상 온수에 세탁하자!
아빠, 담배는 안 돼요!
끊어야겠군.
집먼지진드기를 없애기 위해 카펫과 담요를 없애자!
약물 치료를 받을 땐 의사의 지시를 충실히 따르자!

미생물에 대한 면역은 재감염을 예방할 수 있는 장점으로 작용하는데 반해, 알레르기는 매번 같은 자극 물질을 만날 때마다 비슷한 과민 반응이 나타나는 단점으로 작용하는 셈이지.

알레르기의 원인은 아직 제대로 밝혀지지 않았지만 유전적 요인(면역 체계 이상)과 환경적 요인이 함께 작용한다고 알려져 있어. 환경적 요인이라는 건 공기나 물, 음식 등을 통해서 접하는 각종 자극 물질들과 스트레스를 일으키는 요인들을 말해.

정확한 원인을 모르니, 치료법이라고 해도 근본적인 치료가 된다고 볼 수는 없어. 어떤 치료법들이 있는지 살펴볼까?

우선 과민한 반응을 일으키는 물질을 찾아낸 다음, 일정 기간 동안 계속 노출시키는 방법이 있어. 그렇게 해서 몸이 그 물질에 둔해지게 한다는 거지. 그렇지만 모든 물질에 대해 효과를 보이지도 않거니와, 위험한 치료법이라고 평가하는 전문가도 있어. 더구나 여러 물질이 복합적으로 작용한 경우라면, 원인이 된 물질을 찾는 일 자체가 쉽지 않지. 따라서 특수한 경우가 아니라면 이 치료법은 잘 쓰지 않아.

과민한 증상을 줄여 주는 약을 쓰기도 해. 알레르기 질환의 증상에는 어떤 것이 있을까? 아토피 피부염은 가려움증과 건조증, 천식은 호흡 곤란과 기침, 알레르기 비염은 재채기와 콧물, 코 막힘 등으로 나타나지. 이러한 증상들을 줄이기 위해서는 각기 다른 약을 사용하지만, 그럼에도 모두 공통적으로 쓰는 약이 있어. 바로 스테로이드제야.

스테로이드제는 의사 선생님의 진단에 따라 적절하게 사용하고, 증상이 심할 때 짧은 기간 사용한다면 환자에게 큰 도움을 줄 수 있어.

하지만 이 약은 병을 근본적으로 치료할 수 있는 것도 아니고, 잘못 사용하면 부작용도 큰 약이야. 일시적으로 증상을 줄여 주는 약을 선택하기보다는 시간이 걸리더라도 근본적인 원인을 관리하는 것이 중요하지.

결국 가장 바람직한 해결책은 자극이 되는 물질을 피하는 걸 거야. 나쁜 화학 물질을 덜 사용하고, 첨가물 범벅의 인스턴트 식품 대신 친환경 먹을거리를 먹고, 규칙적으로 운동을 하는 것 등이 여기에 해당되지.

그런데 우리가 놓치고 있는 중요한 사실이 있어. 나 혼자만 잘해서는 외부로부터의 자극을 완벽하게 피할 수 없다는 거야. 공장에서 나오는 매연, 자동차 배기가스, 수질 오염 등 내가 당장 고칠 수 없는 문제들이 주변에 널려 있으니까. 물과 땅이 오염되어 버리면 친환경 먹을거리도 생산할 수가 없고 말이야.

또, 이러한 환경적 요소들은 사회·경제적 조건에 따라서 달라져. 깨끗하고 쾌적한 환경에서 생활하고, 영양가 많은 먹을거리를 먹고, 규칙적인 운동을 하면서 여유로운 마음으로 사는 것은 누구나 원하지만 모두가 누리지는 못하고 있지. 소득이나 교육 수준과 같은 조건들은 개인의 노력만으로는 바꾸기 어려운 사회 구조의 문제야.

참 이상하지? 내 몸인데 나만 노력해서는 건강해질 수가 없다니.

스테로이드는 원래 우리 몸에서 만들어지는 호르몬의 한 종류야.

이것을 흉내 내서 화학적으로 만든 것이 스테로이드제야.

이 몸은 염증을 가라앉히는 효과가 뛰어나서 '기적의 약'이라고도 불리지.

온갖 증상에 쓰이는 만큼 잘못 쓰면 부작용도 심해.

먹는 약이나 주사약으로 사용할 경우 어깨 부위나 얼굴에 비만이 생길 수 있고

우울증이나 정신 장애 같은 심각한 부작용이 생길 수도 있어.

무엇보다도 쓸수록 내성이 생겨 효과가 줄어들고 점점 더 센 약을 찾게 하지.

이런 위험 때문에 스테로이드제를 '독이 든 사과'라고도 하는 거야.

켁

아토피나 알레르기 같은 병은 우리 몸이 자연과 서로 되먹임 관계라는 걸 똑똑히 보여 주지.* 결국 내가 건강해지기 위해서는 자연이 먼저 건강해져야 해. 나의 건강은 다른 사람의 건강과도 연결되어 있고, 우리가 발 딛고 사는 자연과도 아주 밀접하게 연결되어 있다는 걸 잊지 말자!

★ 인제대학교 인문의학연구소에서 펴낸 《인문의학》(휴머니스트, 2009)이라는 책에서 강신익 선생님의 말을 참고했어. 선생님은 '자연과 몸은 상호 되먹임 관계로 엮여 있는 공동 운명체이며, 몸은 작은 자연이기도 하다.'라는 말을 하셨어.

집중 잘 되게 하는 약이라고? ADHD 치료약

ADHD에 대해서는 지난번에 잠깐 얘기했지? 기억나니?

물론이죠. 1학년 때 담임 선생님이 저보고 ADHD 아니냐고 걱정하셔서 엄마랑 병원 가서 상담까지 받았잖아요.

나도 기억해. 그때 네 엄마가 얼마나 걱정했다고. ADHD는 '주의력 결핍 과잉 행동 장애'의 줄임말이야. 그런데 주의력이 부족하거나 산만한 친구들은 초등학교 어디에서나 쉽게 볼 수 있어.

맞아요. 사실 저보다 더 산만한 애들도 많은데, 선생님이 왜 그런 걱정을 하셨는지 모르겠어요. 저는 단지 수업이 조금 지루해서 교실 뒤에서 혼자 조용히 축구공을 가지고 놀았을 뿐이라구요.

수업 중에 말이니? 어휴, 그러니까 엄마 손에 붙들려 병원까지 가지.

대체 ADHD의 기준이 뭐예요? 어느 정도까지 산만한 걸 병으로 치는데요?

ADHD의 원인에 대해서는 뇌 손상, 유전적 요인, 신경 전달 물질 이상 등 다양한 추측만 있을 뿐, 아직까지 확실한 원인에 대해선 밝혀지지 않았어. ADHD란 무엇이고, 치료약은 과연 어떤 작용을 하는지 한번 알아볼까?

흔히 ADHD인지 아닌지는, 아래 [표]에 나타난 주요 증상 중 최소 여섯 가지가 6개월 이상 지속되고 이 증상들로 인해 집과 학교에서 모두 문제가 생길 때로 판단해.

주의력 결핍	충동적이고 과다한 행동
• 세부적인 것에 면밀한 주의를 기울이지 못하거나 학업, 작업, 또는 다른 활동에서 부주의한 실수를 저지른다.	• 손발을 가만두지 못하거나 의자에 앉아서도 몸을 옴지락거린다.
• 일을 하거나 놀이를 할 때 지속적으로 주의를 집중할 수 없다.	• 앉아 있도록 요구되는 교실이나 다른 상황에서 자리를 이탈한다.
• 다른 사람이 말을 할 때 경청하지 않는다.	• 부적절한 상황에서 지나치게 뛰어다니거나 기어오른다.
• 지시를 완수하지 못하고 학업, 잡일, 작업장에서의 임무를 수행하지 못한다.	• 조용히 여가 활동에 참여하거나 놀지 못한다.
• 과업과 활동을 체계화하지 못한다.	• '끊임없이 활동하거나' 마치 '무언가에 쫓기는 것처럼' 행동한다.
• 지속적인 정신적 노력을 요구하는 과업에 참여하기를 피하고 싫어하며 저항한다.	• 지나치게 수다스럽다.
• 활동이나 숙제에 필요한 물건들을 잃어버린다.	• 질문이 채 끝나기도 전에 성급하게 대답한다.
• 외부의 자극에 의해 쉽게 산만해진다.	• 차례를 기다리지 못한다.
• 일상적인 활동을 잊어버린다.	• 다른 사람의 활동을 방해하고 간섭한다.

[표] 미국 정신의학회의 ADHD 진단 기준(2022년)

의아한 건 같은 진단 기준을 사용하더라도 나라마다 조사마다 ADHD 어린이 수가 크게 차이가 난다는 거야. 예컨대 미국에서는 ADHD 진단을 받은 어린이가 7명당 1명에 가깝다고 하는데, 이건 전 세계 평균의 2배에 달하는 수치야. 한국의 경우 전 세계 평균보다 낮다고는 하는데 조사에 따라 그 수치가 2배 이상 차이가 나. 그럼 한국 어린이들보다 미국 어린이들이 ADHD에 더 잘 걸리는 걸까? 미국 어린이들은 한국 친구들보다 주의력이 부족하고 산만한 걸까?

펠프스 이야기

마이클 펠프스, 그의 나이 아홉 살.
자녀분은 ADHD 입니다.
오 마이 갓
ADHD! ADHD!
파닥
파닥

수영 같은 운동을 하면 좀 나아지지 않을까?
물이 얼굴에 닿는 게 무서워.

그럼 배영부터 시작해 볼까?
…

어라? 재밌네?

재밌다!
재밌어!

그리하여 펠프스 15세 되던 해!
최연소 세계 기록
와~

세계 기록 40번! 16개 메달 획득!!
나는야 수영 황제~
누가 나보고 주의력 결핍 과잉 행동 장애래!

이렇게 ADHD 어린이 통계가 나라마다 조사마다 크게 차이 나는 것은 사회·문화적 차이나 조사에 참여한 어린이의 차이가 한몫할 거야. 무엇보다, ADHD라고 진단하는 절대적인 기준은 없다는 사실을 똑똑히 보여 주지.

2008년 베이징 올림픽에서 금메달을 휩쓴 미국의 수영 선수 마이클 펠프스에 대해 들어 봤니? 펠프스는 어렸을 때 ADHD 진단을 받고 그걸 극복하기 위해서 수영을 처음 시작했다고 해. 그리고 열다섯 나이에 최연소 세계 신기록을 세웠어. ADHD라고 해서 색안경을 끼고 바라볼 이유가 전혀 없다는 걸 보여 주는 예라고 할 수 있지.

지금 팔리고 있는 ADHD 치료약은 신경 전달 물질의 양을 조절하는 작용을 해. ADHD 치료약 사용량은 2020년에서 2024년까지 5년 동안 3배 이상 늘어났어. 그러면 실제로 ADHD에 걸린 사람이 그렇게나 많아진 걸까? 코로나19로 인한 사회적인 스트레스 요인이 많아져서 ADHD 환자가 늘어났다는 분석도 있어. 하지만 더 큰 요인은 진단 기준이 계속해서 넓어지고, 주의력이 부족하거나 산만한 증상을 '치료해야 하는 병'으로 생각하는 사람이 늘어나면서라는 설명이 설득력 있어. ADHD 치료약은 2002년에 처음 팔기 시작했는데, 코로나19가 없던 당시에도 5년 만에 3배 이상 사용량이 늘어났거든.

한편 빈곤 가정일수록 어린이들의 스트레스와 정신적 불안은 더 커지는데, 조사 결과 소득이 낮거나 전보다 줄어든 가정의 어린이는 ADHD 위험이 높았다고 해.★ 그런데 가난한 가정의 어린이들이 약만 먹으면 주의력이 개선될까? 약을 처방하는 것보다는 생활 환경을 개선하는 게 먼저 아닐까? ADHD는 신경 전달 물질의 이상 때문에 생기기도 하지만, 이렇게 생활 환경이 원인이 된 경우라면 약만 먹는 것이 큰 도움이 되지 않을 거야.

ADHD라는 병이 과장되게 알려져서, 꼭 필요하지 않은데도 치료를 받는 사람들이 생겨난 경우도 있어. 거기다가 ADHD 치료제가 집중 잘 되고 공부 잘하게 해 주는 약으로 잘못 알려지면서 약을 먹는 사람들이 많이 늘어났지.

약을 먹고 도움을 받는다면 좋겠지만, 혹시나 하는 마음으로 선뜻 먹기엔 여러 가지 부작용이 따르는 약이야. 성장이 더뎌진다거나 우울증을 겪을 수도 있고, 계속 먹으면 중독이 될 가능성까지 있어. 그러니 집중이 잘 안 된다고 무턱대고 약에 의존했다가는 더 심각한 문제에 부딪힐 수도 있어.

집중이 안 될 때에는 다른 곳으로 주의를 돌려 봐. 음악을 듣거나, 친구들과 신나게 축구를 하거나, 좋아하는 책이나 영화를 보는 것도 좋아. 잠시 공부와 관련된 것은 잊고 내가 하고 싶은 일을 하다 보면 자연스럽게 집중력을 회복할 수 있을 거야.

★ 《역학 저널》(2017년, 27권)에 실린 자료를 참고했어.

'병'을 대하는 자세, '몸'을 대하는 자세★

자 그럼, 지금까지 잘 듣고 이해했는지 문제 하나 내 볼까? 병에 걸리면 가장 먼저 일어나는 일은 뭘까?

① 병원에 간다. ② 약국에 간다. ③ 아프다.

이모는 유치하게 이렇게 쉬운 문제를……. 3번이잖아요.

그래, 병에 걸렸을 때 가장 먼저 일어나는 일은 몸이 아픈 거지. 유치할 정도로 쉽지만 중요한 의미를 담고 있는 문제란다. 우리는 언제부터인가 '병' 하면 병원과 약국, 의사나 약사 선생님을 먼저 떠올려. 정작 그 병을 '앓

★ 강신익 선생님의 《몸의 역사, 몸의 문화》(휴머니스트, 2007)를 참고했어.

고 있는' 자신은 생각하지 못하고, 어떻게 이 병을 치료할까, 무슨 약을 먹을까만 고민하지.

병원에 가면, 병을 앓고 있는 몸의 주인인 '나'는 온데간데없고 의사, 간호사 선생님들에게 이리저리 끌려다니며 두렵고 정신없는 시간을 보내게 돼. 내 몸에서 지금 일어나고 있는 일이나 앞으로 일어날 일에 대해서는 거의 아무것도 모르는 채로 말이야. 그러다 보면 병을 치료하는 과정이 오히려 더 스트레스가 되기도 하지. 그뿐인가? 의사나 약사 선생님께 제대로 설명을 듣지 못하고 약을 먹었다가 부작용을 겪거나 병을 더 키우는 경우도 생겨.

그러니 정말 건강해지기 위해서는 '병'을 대하는 자세와 '몸'을 대하는 자세에 대해 진지하게 생각해 볼 필요가 있어.

"병이 일어나는 장소는 몸이다."

어때, 생각해 볼 것도 없이 당연한 얘기지? 병은 사람의 몸에서 생기는 거니까. 하지만 너무나 당연해서 잘 생각하지 않는 부분이기도 하지.

'병'이란 건 뭘까? 우리는 '무슨무슨 병에 걸렸다.' 또는 '무슨무슨 병이 들었다.'라는 표현을 많이 쓰지. 이상하게 '앓는다.'라는 표현은 잘 쓰지 않아. 그런데 이 표현들에 무슨 차이가 있을까?

병에 '걸렸다.'고 하면, 어떤 외부 요인에 속수무책으로 '당했다.'는 느낌

병에 걸리다

병에 걸렸으니 다양한 검사를 해 봐야 돼요!
어떤...
됐고!

휙
이쪽으로.

휙
이쪽으로!

지친다.
이번엔 이쪽으로!

맞고!

무서워~
뽑고!

푹
또 맞고!

흠.
흠.
흠.

대체 무슨 병인 거야.
누가 말 좀 해 봐.
어지러워

이 들지 않아? 하지만 병을 '앓는다.'는 표현은 앓고 있는 '내'가 중심이 되는 느낌이 강하지. 그만큼 우리는 병을 우리 자신으로부터 생각하는 것이 아니라, 바깥에서 온 침입자로 생각하는 경향이 있어.

그런데 정말 그럴까? 병은 우리 몸과는 전혀 상관없이 바깥에서 무례하게 쳐들어온 침입자일까? '감기'라는 건 '감기 바이러스'를 의미하기도 하지만, '감기에 걸린 상태'나 '우리 몸이 감기와 싸우면서 나타나는 증상들(콧물, 코막힘, 재채기 등)'을 뜻하기도 해. 결국 병이라는 건, 병에 걸리게 하는 원인뿐만 아니라 우리 스스로가 병을 겪고 극복하는 경험까지를 아우르는 거야.

흔히 병을 치료한다고 하면 병을 다스리는 것을 떠올리지. 병을 일으킨 원인 균이 있다면 그걸 '제거'하는 것이 곧 치료하는 거라고 생각해. 하지만 '병'이 우리 스스로 병을 겪고 극복하는 경험을 의미한다면, 병과 치료는 따로따로가 아니라 늘 함께 생각해야 하는 짝꿍이라고 할 수 있어. 내 몸을 돌보고 아는 과정 전체가 병을 치료하는 과정인 것이지.

그런데 '몸을 안다.'는 것이 무슨 뜻일까?

어른들은 감기를 여러 번 앓아 봤기 때문에 감기에 걸렸을 때 '내가 무리를 했구나, 좀 쉬어야겠군.' 하고 바로 생각해. 또 얼마나 쉬어야 할지, 증상이 얼마나 오래 갈지도 가늠할 수 있지. 물론 감기에 걸리지 않으려면 평소에 몸을 어떻게 관리해야 하는지도 알고 말이야. 이렇게 병을 앓고 나면 자기 몸을 더 소중히 여기게 되고, 건강이 얼마나 귀중한 것인지도 깨닫게 돼.

이모가 '병은 만들어진다.'고 했던 것, 기억하니? 사회가 발전할수록 건강을 위협하는 요인들이 더 많이 생기기도 하지만, 한편으로는 이기적인 사람들이 계속해서 '병'과 병에 걸릴 수 있는 '원인들'을 찾아내고, 그것을 과장해서 사람들을 불안에 빠뜨린다고 했지. 더 많이 병원을 찾도록, 더 많은 약을 먹도록 말이야. 하지만 그런 치료법들은 우리 몸과 환경과의 상호 작용을 생각하지 않기 때문에 완전히 낫게 해 주기 어렵고 여러 가지 부작용을 낳기도 해. 약에 대한 내성을 키워 계속해서 약에 의존하게 만들기도 하고.

예를 들어, 진통제나 소화제 같은 약을 자주 먹다 보면 나중엔 같은 양으로 똑같은 효과를 보기가 힘들고 더 많은 양을 먹어야 할 때가 와. 우리 몸이 약에 적응을 하기 때문이지. 약을 너무 자주, 많이 먹지 말라는 건 부작용뿐만 아니라 약에 대한 의존성이 생기기 때문이야.

절대 변하지 않는 상태의 '완벽한 건강'이라는 건 존재할 수 없어. 다만 우리 몸은 환경과 상호 작용하면서 균형을 맞추려고 끊임없이 노력하고 있을 뿐이지. 그래서 어떤 과학자들은 인류가 질병과 함께 살아가야 한다는 것을 인정하고 받아들이자고 해. 균을 없애겠다고 집요하게 항생제를 개발하지만 항생제에 대한 내성 때문에 슈퍼균이 나타나고, 어떤 병을 치료하겠다고 약을 먹지만 항상 부작용의 위험과 맞부딪히게 되는 것처럼, 질병과의 싸움은 끝이 없다는 거지.*

이모 말씀을 들으니 병하고도 좀 친해질 필요가 있을 거 같아요.

* 김성훈 선생님의 《생명과 약의 연결고리》(웅진지식하우스, 2023)를 참고했어.

난 완벽해!
너, 지금
금 가고 있걸랑?
건강

건강한 사회
모두가
행복한 사회
병

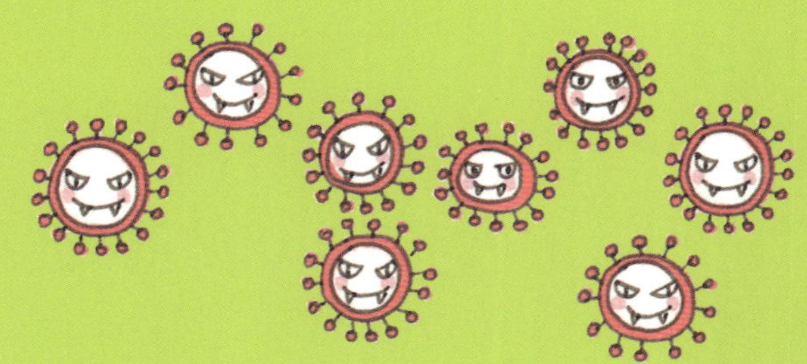

2부

나, 우리, 자연으로 이어지는 건강 이야기

내가 건강하려면 내가 속한 사회와 자연도 건강해야 돼.
결국 다른 사람, 다른 생명의 건강을 생각하는 것은
나의 건강을 위하는 길이 되는 셈이지.
어떻게 하면 다 같이 건강해질 수 있을까?
건강한 사회를 만들려면 무엇부터 해야 할까?

내 몸의 건강이 우리, 나아가 자연으로 이어지고
자연의 건강이 다시 내 몸으로 돌아오는 모습을 떠올리면서
건강한 사회를 만들기 위한 여행을 떠나 볼까?

나의 건강과 사회, 그리고 자연

철수야, 건강하다는 건 어떤 걸까?

음……, 건강하다는 건 한마디로 말해 아프지 않고 병이 없는 거겠죠.

그럼, 아프지만 않으면 건강한 걸까? 기운이 없고 아무것도 하기 싫고 세상 일이 다 귀찮아도, 병만 없다면 건강하다고 볼 수 있을까? 몸은 말짱한데, 밥도 먹기 싫고 친구도 만나기 싫고 집 밖에 나가는 것조차 싫은 마음이라면 그건 건강한 걸까?

아닌 것 같긴 한데, 잘 모르겠어요. 그래도 몸이 아프지 않다면 건강한 거 아닐까요?

그래, '건강' 하면 흔히 몸만 떠올리기 쉽지.

세계보건기구(WHO)에 따르면 건강이란 완전한 신체적·정신적·사회적 안녕을 말해. 신체적으로 질병이나 이상이 없을 뿐만 아니라 정신적·사회적으로도 완전한 생활을 누릴 수 있는 상태를 말하는 거야.

그럼 신체적·정신적·사회적으로 아무 탈이 없이 완전한 상태는 어떻게 이루어질 수 있을까? 내 몸만 아프지 않으면 되는 걸까? 가족이나 친구, 혹은 모르는 사람의 건강이나, 다른 나라 사람들의 건강은 나의 건강과 아무 상관도 없을까? 사회적으로 건강하다는 건 무슨 뜻일까? 우리가 날마다 먹고 마시는 물, 호흡할 수 있게 해 주는 공기, 지구에서 함께 살고 있는 동식물 같은 것들은 내 건강과 어떤 관계가 있을까?

어른들은 "건강이 최고다."라는 말씀을 종종 하시지. 다른 어떤 가치보다도 중요한 건강이 거저 얻어지진 않을 거야. 우선 자기 몸의 건강을 위해 스스로 노력해야겠지. 시금치나 콩처럼 먹기 싫지만 몸에 필요한 음식을 잘 먹고, 첨가물이 많이 들어간 과자나 탄산음료 같은 건 되도록 피하고, 규칙적으로 운동을 하는 것 등이 신체적 건강을 지키기 위한 노력이라고 할 수 있지.

그런데 말이야, 우리가 정말 건강해지려면 또 다른 의미의 노력이 필요해. 생각해 봐. 우리는 다른 사람들과 더불어 '사회' 속에서 살고, 다른 생물들과 더불어 '자연' 속에서 살아간다고도 할 수 있어. 누구도 혼자만의 힘으로는 살 수가 없단 말이지. 아토피에 대해 얘기할 때 잠깐 말했지? 사람은 자연과 밀접하게 연결되어 있기 때문에 환경이 오염되면 우리의 건강도 영향을 받는다고 말이야. 또 환경 오염은 나 혼자만의 문제가 아니라 사회적인 문제라고. 그렇기 때문에 사회나 자연을 생각하지 않고는 우리 자신의 건강도 지킬 수 없어.

광우병을 예로 들어 볼까?

광우병은 사람들이 자연을 거스르고 욕심을 채우면서 생겨난 병이야. 초식 동물인 소한테 값싼 부스러기 고기를 사료로 먹여서 더 많은 우유, 더 많은 고기를 빨리 생산하려는 욕심이었지. 소의 뇌에 구멍이 생기면서 소가 미친 듯이 보이다가 결국 죽음에 이른다고 해서 '광우병(狂牛病, mad cow disease)'이라고 부르는데, 정식 명칭은 '소 해면상 뇌병증(牛海綿狀腦病症, bovine spongiform encephalopathy)'이야. 문제는 이 병이 소한테서 끝나는 게 아니라 사람에게까지 전염된다는 것이지.

광우병 위험이 있는 외국산 소고기를 안 먹는다 하더라도 나도 모르는 새 광우병 소고기를 먹게 될 수도 있어. 소에서 나오는 여러 부산물은 각종 음식 재료로 쓰일 뿐만 아니라 조미료나 라면 스프 등에도 들어갈 수 있고, 심지어 화장품이나 의약품의 원료로까지 사용되기 때문이지. 또 한국 소도 광우병이 발생한 나라에서 만든 동물성 사료를 먹여 키웠다면 안전하다고 할 수 없어. 이 때문에 대부분의 나라에선 광우병 위험이 높은 나라로부터의 소고기 수입을 금지하거나 엄격히 제한하고 있어.

내 몸이 건강하려면 안전하고 영양가 있는 음식을 골고루 먹으면 될 거야. 그런데 내가 속한 사회가 건강한 먹을거리를 제공하지 않는다면 내 몸

광우병이란

광우병의 원인은 '변형 프리온'이라는 단백질로 알려져 있어. 광우병이 어떻게 전염되는지 한번 따라가 볼까?

① 초식 동물인 소한테 광우병에 걸린 부스러기 고기나 뼈가 섞인 사료를 먹인다.

② 병든 소의 몸속에 있던 변형 프리온이 건강한 소의 정상 단백질들을 변형시킨다.

③ 광우병에 걸린 소로 육류 제품을 만든다.

④ 사람이 광우병 소로 만들어진 음식을 먹는다.

⑤ 사람 몸속에 들어간 변형 프리온이 정상 단백질들을 변형시킨다.

의 건강을 보장할 수 있을까? 옛날에는 내가 사는 고장에서 나는 것들이 주된 먹을거리였지만, 지금은 다른 고장, 나아가 다른 나라에서 들어오는 먹을거리도 많잖아. 그래서 가축이나 곡식이 생산된 지역의 사회·환경적 요소도 매우 중요하지.

무엇보다, 지구촌이라 일컫는 현대에는 한 지역의 급격한 환경 변화나 심각한 생태계 파괴, 각종 질병들이 빠르게 세계 각지를 뒤흔들고 개개인에게까지 영향을 미치지. 이렇게 나의 건강과 사회의 건강, 그리고 자연의 건강이 놀라울 만큼 가깝게 연결되어 있어.

항생제 얘기는 여러 번 했지만, 다시 한번 강조할게. 항생제를 너무 많이 사용하면서 내성균도 자꾸 늘어나고 있다고 했지? 그러면서 인간이 지금까지 개발한 어떤 항생제에도 죽지 않는 '슈퍼균'들이 등장했어. 이 균에 감염되면, 그야말로 대책이 없어. 심한 경우에는 생명을 잃을 수도 있지. 죽지 않는 내성균이 생긴다는 건 나 혼자만의 문제가 아니라 전 인류의 문제가 되는 거야. 균은 여러 사람을 감염시키며 돌아다니니까 말이야.

그런데 요즘엔 식용으로 키우는 소, 닭, 돼지의 사료에도 항생제를 섞어 주는 일이 많다고 해. 옛날에는 가축을 들판이나 우리에서 작은 규모로 키웠지만, 요즘은 공장 같은 공간에서 대량으로 키워. 그러니 한 마리가 병에 걸리면 금세 다른 동물들에게까지 병이 옮게 되지. 가축을 키우는 사람들은 큰 손해를 보게 될까 봐 가축들에게 미리 항생제를 먹이기 시작했어.

이렇게 항생제를 많이 먹이기 때문에, 가축에 있는 세균의 항생제 내성 정도는 사람보다 훨씬 심각한 것으로 알려져 있어. 우리가 고기를 먹으면 결국 그 안에 들어 있는 항생제와 내성균이 사람에게도 같은 문제를 발생시킬 수 있는 거지. 결국 균이 동물과 사람 사이를 오가면서 점점 힘이 세지는 거야.

그래서 우리가 '건강'을 위해 노력한다고 할 때는 내 몸을 잘 돌보는 것뿐만 아니라, 내가 속한 사회와 지구상의 모든 생명체를 포함한 자연의 건강에 문제가 없는지 항상 관심을 기울여야 해. 특히 자연의 법칙을 인간 마음대로 바꾸고 파괴하면 지금 당장은 아니더라도 미래에 그에 대한 대가를 치러야 할 수도 있어.

근데 철수 너 왜 그렇게 떨어?

지금 안 떨게 생겼어요? 이모가 그렇게 무시무시한 얘기를 늘어놓는데!

세상에, 아프다고 차별해?

건강에 대해 확실히 알기 위해서, 건강하지 않은 상태와 병에 대해 좀 더 얘기해 볼까? 우리는 '정상,' '비정상,' '장애'라는 말을 흔히 쓰지. "쟨 비정상이야." 하는 말을 쉽게 하기도 하고.

맞아요. 우리 반에 머리가 정말 큰 애가 있는데, 애들이 그 친구 보고 비정상이라고 만날 놀려요. "대두야, 아무리 봐도 네 머리는 정말 크대두!" 이러면서요.

그런 걸로 친구를 놀리면 못써.

저는 안 놀렸어요. 저는 오히려 그 친구가 울 때 위로해 줬어요. 머리가 크면 멀리 떨어져 있어도 얼굴이 잘 보여서 좋다고요.

어휴. 그런 걸로 위로가 되겠니?

어쩐지……, 계속 울더라고요.

이모는 눈이 건강하지 못해서 어렸을 때 자주 빨간 토끼 눈이 되곤 했어. 다른 사람한테 옮길 수도 있는 눈병에 걸린 적도 있고, 어떤 때는 눈만 빨갛게 될 뿐 옮기지는 않는 눈병에 걸리기도 했어. 그런데 무조건 이모만 보면

"눈병 옮는다!"며 가까이 오지 말라고 놀려 대는 짓궂은 친구들이 있었어. 어린 마음에 얼마나 큰 상처를 받았다고!

HIV* 감염인, 에이즈(AIDS)** 환자, B형 간염*** 보균자 같은 말들을 드라마나 영화 혹은 뉴스에서 들어 본 적이 있을 거야. 이런 병은 단지 일상생활을 같이 하는 것만으로 바이러스를 옮기지 않아. 악수나 포옹을 하고, 같이 밥을 먹고 목욕탕에 간다 해도 옮지 않는 병이야.

그런데도 사람들은 HIV 감염인이나 에이즈 환자라고 하면 가까이 하는 것조차 꺼리는 경우가 많아. 대놓고 차별을 하기도 하고 말이지. 혹시라도 바이러스가 옮을지 모른다는 생각 때문이지. HIV 감염인 입장에서는 정말 억울하겠지? 게다가 '감염인'이나 '보균자'는 문제의 바이러스가 몸 안에 있긴 하지만 심각하게 병을 앓지는 않는 사람들이거든. 다른 사람과 똑같은 생활을 할 수 있고, 관리만 잘하면 생명에도 지장이 없어.

그럼 건강한 사람과 병에 걸린 사람, 정상인 사람과 비정상인 사람은 어떻게 정해지는 걸까? 장애라는 것은? 사실 건강의 기준, 정상의 기준은 시대와 상황에 따라서 달라지기도 해. '정상 몸무게'나 '정상 혈압'의 기준이 옛

* 인간 면역 결핍 바이러스. 말이 엄청 어렵지? 에이즈(AIDS)를 일으키는 원인 바이러스야. 이 바이러스가 몸 안에 들어오면 몸이 약해지기 때문에 세균을 조심해야 해.

** 후천성 면역 결핍증. 에이즈는 HIV에 옮은 다음 몸이 심하게 약해진 경우를 말해. 세균을 막을 힘이 없어서 무서운 세균이 아니어도 옮으면 심각하게 앓게 돼. 에이즈 환자들은 HIV에 옮아서가 아니라, HIV가 몸을 점차 약하게 만들어서 어떤 병에 걸려도 이겨 낼 수 없게 되기 때문에 아픈 거야.

*** 간에 염증을 일으키는 A, B, C형 등 여러 바이러스 중 B형 바이러스에 의한 간염을 말해.

날부터 지금까지 항상 똑같았을까?

끊임없이 새롭게 알려지는 수많은 병들은 또 어떻고. 게다가 지금 건강한 사람이라고 해서 평생 건강하리라는 보장은 없잖아. 누구나, 언제든 아프거나 장애를 입을 가능성을 가지고 있어. 그래서 누구에게나, 아플 때 치료를 받고 장애나 질병 때문에 차별받지 않을 권리가 있는 거야. 또 우리 모두에겐 다른 사람의 그 권리를 지켜 줘야 할 의무도 있지.

2007년에 만들어진 장애인 차별 금지법에 따르면, 장애인에 대한 차별은 직접적인 차별은 물론이고 장애인에게 불리한 결과를 낳는 차별, 정당한 편의 제공을 거부하는 차별, 광고에 나타난 차별까지를 포함해. 이 법에서는 장애인들이 비장애인과 똑같이 일자리나 교육에 있어 동등한 기회를 갖고, 정치에 참여할 권리, 건강할 권리 등을 누려야 한다고도 얘기하고 있지. 장애인을 차별하지 않는 건 당연한 일임에도 그렇게 하지 못하고 있기 때문에 법으로까지 정해 놓은 거야.

하지만 법이 있어도 현실은 여전히 장애인에게 부족한 경우가 많아. 일례로 휠체어 탑승을 위한 저상버스★ 도입을 2005년에 법으로 규정했지만, 아직도 그 수는 전체의 절반에도 채 미치지 못하고 있어. 게다가 지역마다 격차가 커서, 저상버스가 전체의 절반을 넘은 곳은 서울과 세종뿐이고, 울산

★ 장애인들이 휠체어를 타고도 다른 사람의 도움 없이 안전하고 편리하게 오를 수 있도록 만든 버스. 출입구에 계단이 없고, 차체 바닥이 낮으며, 경사판이 달려 있어 장애인뿐만 아니라 노약자, 유아차 이용자, 어린이 들도 쉽게 이용할 수 있어.

강을 팝시다!!
덜컹 덜컹
꼬액
우하하
걔가 그래서 말이지…
오늘 점심은 뭘 먹지?
뭐? 주식이 올라?
이래선 발표를 할 수가 없잖아.
야, XX야!
누가 건강하지 못한 사람일까?

이나 제주는 전체의 20% 남짓에 불과해.★ 우리가 흔히 이용하는 버스의 5분의 1만을 이용해서 움직여야 한다고 생각해 봐. 버스 한번 타기 위해 수십 분을 기다려야 하고, 그나마도 아예 노선이 없는 경우도 많지. 우리가 당연하게 누리고 있는 것들이 누군가에겐 원천적으로 차단되어 있다는 것, 그것이 바로 차별이라는 것을 기억해야 해.

장애란 '신체 기관이 본래의 제 기능을 하지 못하거나 정신 능력에 결함이 있는 상태'를 의미한다고 하는데, 신체 기관과 정신 능력이 말짱하면서도 자신의 행동과 생각을 온전히 다스리고 일치시키지 못하는 사람은 장애인일까, 비장애인일까? 다른 사람의 말에 귀 기울일 줄 모르고 자기 생각만 고집하는 사람, 자신과 다르다는 이유로 남을 차별하는 사람, 다른 사람의 삶이야 어찌 되든 나만 잘 살면 된다고 생각하는 사람은? 사실 이모는 이런 사람들이야말로 건강하지 못한 사람이 아닐까 생각할 때가 많아.

★ 국토교통부가 발표한 '2024년도 교통약자 이동편의 실태조사' 결과를 참고했어.

건강은 누구나 누려야 할 권리!

근데요, 이모. 건강하려면 역시 돈이 많아야겠죠?

왜 그렇게 생각하지?

저번에 할아버지가 그러셨거든요. 돈 없으면 늙고 병들었을 때 자식한테 구박 받는다구요. 이 험한 세상에서 자기 몸 스스로 챙기려면 돈이 많아야 된대요.

음……, 글쎄. 철수는 혹시 건강권이란 말 들어 봤니? 인권이란 말은?

말 그대로 풀어 보면 건강할 권리일 텐데……, 건강은 타고나는 거 아닌가요? 할아버지도 건강은 다 자기 복이라고 그러셨는데.

'-권'이라는 말은 '권리'를 뜻해. 그러니까 '인권'이란 인간으로서 누구나 누려야 할 마땅한 권리를 말하지. 인권 가운데 하나가 건강할 권리, 즉 '건강권'이야. 그럼 건강은 정말 타고나는 걸까? 건강할 권리라는 건 무엇을 의미할까?

〈세계 인권 선언〉에 보면, 이런 말이 나와.

"모든 사람은 자기 생명을 지킬 권리, 자유를 누릴 권리, 그리고 자기 자신의 안전을 지킬 권리가 있다. 모든 사람은 자신과 가족의 건강과 안위에 적합한 생활 수준을 누릴 권리를 가진다. 이러한 권리에는 먹을거리, 입을 옷, 주거, 의료, 그리고 생활에 필요한 사회 서비스 등을 누릴 권리가 포함된다. 또한 직업을 잃었거나, 질병에 걸렸거나, 장애를 당했거나, 배우자와 사별했거나, 나이가 많이 들었거나, 그 밖에 자신의 힘으로 구제할 수 없는 상황에 처하여 살길이 막막해진 모든 사람은 사회나 국가로부터 생계 보장을 받을 권리를 가진다."★

다시 말해, 모든 사람은 자기 생명에 위협이 될 만한 해를 입지 않을 권리뿐만 아니라 쾌적한 생활 환경, 일정 정도의 건강 수준을 보장받을 권리까지 가진다는 거야.

그런데 여기서 의문이 생기지. 누구나 마땅히 건강할 권리가 있다면 아픈 사람들은 대체 뭘까? 그들은 권리가 없어서 아픈 걸까? 건강할 권리는 누

★ 조효제 선생님이 《인권의 문법》(후마니타스, 2007)에 번역해 두신 것을 참고했어.

구에게나 있다고 했는데.

건강할 권리가 있다는 것은 아프지 않은 것이 아니라, 건강하게 살 수 있는 환경을 만들어 달라고 국가에 요구할 자격이 있다는 거야. 개개인의 건강

에 대해서 사회나 국가가 책임져야 하는 부분이 있다는 것이지.

한국의 헌법에서도, "모든 국민은 인간다운 생활을 할 권리를 가지고, 국가는 사회 보장·사회 복지의 증진에 노력할 의무를 진다. 신체장애자 및 질병, 노령, 기타의 사유로 생활 능력이 없는 국민은 법률이 정하는 바에 의하여 국가의 보호를 받는다. 또 모든 국민은 건강하고 쾌적한 환경에서 생활할 권리를 가지며, 국가와 국민은 환경 보전을 위하여 노력하여야 한다."고 규정하고 있어.

왜 건강이 단지 개인의 문제가 아니라 사회가 보장해 주어야 할 '권리'일까? 이모가 거듭 얘기하는 것처럼 건강은 다른 사람, 다른 생물, 환경과 긴밀하게 연결되어 있어서 개인의 노력만으로는 건강해지기 어렵기 때문이야. 광우병이나 항생제 내성처럼 말이야. 기억하지?

우리는 모두 깨끗한 공기를 마시고, 깨끗한 물과 좋은 음식을 먹고 싶어 해. 하지만 환경이 오염되면? 숨 쉴 때마다 내 몸으로 들어오는 자동차 배기가스, 기름으로 오염된 바다와 강을 거쳐 내 입으로 들어오는 수돗물, 오염된 공기와 물로 키워진 먹을거리들……. 이러한 환경 오염은 한두 사람 때문에 생기는 것도 아니고, 혼자만 노력해서 막을 수도 없어. 내 집에 공기청정기나 정수기를 두는 것으로, 나 혼자 무농약, 유기농 음식을 사 먹는 것으로 해결할 수 있는 문제가 아니야.

만약 철수가 말한 것처럼 내가 아무리 건강하고 싶어도 돈이 없어서 건강할 수 없다면 정말 불행한 일이겠지? 실제로 하루 세끼 밥을 먹고 따뜻한

집에서 쉬는 것, 아프면 병원에 가고 약을 먹는 것과 같은 당연한 일들이 어떤 사람들에겐 너무도 어려운 일이야.

이러한 불행을 최소화하기 위해서 '사회 보장'이라는 개념이 생겨났어. 인간으로서 누구나 누려야 할 기본적인 생활 수준을 모든 사람에게 보장하자는 거지. 소득이 낮은 사람들에게 국가가 생활비(기초 생활 보장 제도)나 의료비(의료 급여 제도)를 지급하는 것, 모두가 함께 돈을 모아 누구에게나 일어날 수 있는 위험에 대비하는 사회 보험(국민연금, 건강 보험, 고용 보험, 산재 보험)과 같은 것들이 사회 보장을 하기 위한 제도에 해당돼.

웰빙(well-being)이란 말 많이 들어 봤지? 웰빙 시대, 웰빙 먹거리, 웰빙족……. 웰빙이란 '육체와 정신의 건강을 조화시켜 행복하고 아름다운 삶을 추구하는 문화'라는 뜻이야. 멋진 얘기지만 현실에서 웰빙을 추구하는 사람들을 보면, 다른 사람이나 환경까지 생각하기보다는 나의 건강만을 챙기기 급급하지. 또 웰빙이 일종의 유행이 되면서 지나치게 상업화되어 있기도 해. 똑같은 물건에도 '웰빙'이라는 말만 갖다 붙이면 비싸게 팔 수 있거든.

한편 건강한 삶을 좇지만, 다른 사람이나 환경까지 생각하며 '우리의 건강'을 지향하는 활동들이 있어.

그중 한 예가 '지역 먹을거리 운동'이야. 제철에 해당 지역에서 생산된 먹을거리를 이용하자는 목적으로 생겨났지. 그러면 먹을거리가 이동하면서 생기는 에너지 낭비와 환경 오염을 줄일 수 있을 뿐만 아니라, 생산자와 소비자 사이에 신뢰가 쌓여 소비자는 건강한 음식을, 생산자는 안정된 생계를 보장받을 수 있어. 이를 통해서 지역 공동체가 활발해지고, 무엇보다 형편이 어려운 사람들도 신선한 먹을거리를 저렴한 값으로 먹을 수 있는 장점이 있지.

'자유 무역'이 실제로는 부자 나라나 대기업에만 유리하고 가난한 나라, 가난한 사람들의 자유는 더 빼앗아 간다는 문제의식에서 출발한 '공정 무역 운동'도 있어. 비록 먼 거리를 이동하지만 가난한 나라의 생산자에게 정당한 몫을 주고 사 온 먹을거리를 선택하자는 거야. 가난한 나라 사람들이 가난을 극복하고 자립할 수 있도록 도우려는 거지. 가난한 나라의 생산자들은 이 돈으로 친환경적인 농업으로 전환하거나 지역에 학교, 병원을 지을 수 있어.★

'우리의 건강'을 생각하는 것은 결국 나의 건강을 위하는 길이기도 하다는 것, 잊지 말자.

★ 〈프레시안〉의 강양구, 강이현 기자가 쓴 《밥상 혁명》(살림터, 2009)을 참고했어.

경제 성장은 건강한 사회를 만들어 줄까?

이모, 아무리 생각해 봐도 결국 돈이 많아야 다 같이 건강해질 것 같아요.

흐음, 그래?

사회 보장을 하려면 돈이 있어야 할 거 아녜요. 요즘 그 뭐냐, '경제가 어려워서' 다들 돈이 없다고 하던데요. 사회 보장은 국가가 돈이 있어야 할 수 있는 거니까, 역시 경제가 우선 아니겠어요?

경제도 중요하지. 하지만 그보다 중요한 게 있어.

그게 뭔데요?

경제 성장이 누구를, 무엇을 위해 이루어지느냐 하는 거지.

2025년 세계보건기구(WHO)가 발표한 '건강 불평등의 사회적 결정요인' 보고서에 따르면, 우리가 흔히 말하는 '잘사는 나라'와 '못사는 나라'는 평균 수명이 크게 차이가 나. 남아프리카의 작은 나라 레소토에서 태어난 어린이는 일본에서 태어난 어린이에 비해 33년이나 일찍 죽어. 가난한 나라에 사는 어린이는 5살 이전에 죽을 확률이 부자 나라에 사는 어린이에 비해 13배 높지.

이러한 사실을 보면 역시 나라가 잘사는 게 사람들의 건강에 상당한 영향을 끼치는구나, 하고 생각하게 돼. 한국만 해도 불과 50년 전 50세를 겨우 넘겼던 평균 수명이 이제는 80세를 넘겼으니까. 경제가 성장하면서 영양 상태, 공중위생 시설, 의료 수준 등이 높아졌기 때문이지. 그렇다면 역시 경제 성장이 건강한 사회를 만드는 걸까?

이번엔 조금 다른 각도로 보자.

같은 나라 사람이라도 소득이나 교육 수준 등 사회·경제적 위치에 따라 평균 수명이 차이가 나. 미국에서는 흑인의 평균 수명이 백인보다 3.6년 짧아. 또, 한국에서는 교육 수준이 낮은 사람이 높은 사람에 비해 사망 위험이 8.7배 높다고 하지.

이걸 보면 나라가 잘산다고 모두가 건강한 건 또 아닌 것 같지?

그러면 어느 정도로 잘살아야 모두가 건강해질 수 있을까?

경제 성장이 먼저 이루어져야만 건강한 사회를 만들 수 있는 걸까?

'경제 성장'을 목표로 한다는 건 간단히 말해서 '돈이 더 많아져야 행복해진다'고 생각하는 거라고 할 수 있어. 그렇다면 다음의 상황은 어떻게 설명할 수 있을까? 전 세계적으로 식량은 남아돌고 있지만, 매년 수백만 명이 식량을 구하지 못해 굶어 죽고 있어. 의료와 과학 기술이 발달하고 최신 의약품들은 끊임없이 쏟아지지만 매년 수백만 명이 치료나 예방이 가능한 병으로 죽어 가고 있지. 전 세계적으로 아무리 돈이 많아져도 그것이 불공평하게 분배된다면 모두가 행복해질 수는 없다는 거야.

나라 안에서도 마찬가지야. 나라 전체에 돈이 많아져도 그 결과가 모든 사람에게 공평하게 돌아가지 않으면 어떻게 될까? 물건 값은 계속 비싸지는데 가난한 사람은 아무리 열심히 일해도 임금이 별로 오르지 않고, 대학에 다니고 싶어도 학비가 너무 비싸서 포기해야 하고, 일을 하려 해도 일자리를 구할 수가 없다면? 반대로 원래 돈이 많았던 사람은 가지고 있던 주식이나 집값이 올라서 더욱더 부자가 된다면?

'잘산다.'는 말은 상대적인 개념이야. 내가 아무리 잘살아도 나보다 더 잘사는 사람이 있고, 우리나라가 아무리 잘살게 되어도 더 잘사는 나라가 생기기 마련이야. 나라가 세계 1등 부자가 된다 하더라도 그 구성원들 모두가 잘살 수는 없지.

게다가 우리나라가 돈을 더 버는 대신 다른 나라가 더 못살게 되거나 건강이 나빠진다면 어때? 내가 돈을 더 버는 대신 다른 사람이 더 가난해지거나 건강이 나빠진다면? 그건 내 일이, 우리나라 문제가 아니니까 상관없다고? 나와 내가 속한 나라만 불행을 피해 갈 수 있을까?

물론 앞에서 예를 들었던 레소토와 일본의 평균 수명 차이에서 볼 수 있듯이 경제 성장은 건강한 사회를 만드는 데 필요해. 하지만 어느 정도의 소득 수준 이상이 되면, 가장 건강한 나라는 가장 부자인 나라가 아니라, 부자인 사람과 가난한 사람의 소득 차이가 적게 나는 나라라고 해. 즉, 사람들의 생활 수준이 고른 나라가 건강하다는 거지.

사실 불평등 속에선 불행이 가난한 사람들만의 몫으로 끝나지 않게 돼. 모두가 '더 많이 벌어야 잘살 수 있다.'는 생각을 가지고 있으면 어느 누구도 만족이란 걸 모르게 되거든. 항상 누군가보다 부족하다고 느끼니까. 아무리 열심히 일해도 도저히 따라잡을 수 없는 부자들을 보면, 그보다 못한 자신의 상황이 더 비참하게 느껴지고 억울한 마음이 들지. 이것이 사람들의 건강에도 큰 영향을 미쳐. 사회적으로 문제가 되고 있는, 우울증으로 인한 자살이라든가 흉악하고 끔찍한 범죄들도 이 사회가 건강하지 못하기 때문에 일어나는 일들이야.

최고가 될 거야!
아직도 내 위에 저렇게 많다니!
더
어디가 끝일까?
더 높이!
더
더
더 많이 벌어야 돼.

아까 사회 보장을 하려면 경제가 우선 아니냐고 했지?

아무리 돈이 많아도 사회 보장이 잘 안 되어 있는 나라가 있는가 하면, 돈이 많지 않더라도 모두의 건강을 보장해 주기 위해 노력하는 나라가 있어. 쿠바의 경우를 한번 살펴볼까? 쿠바는 국민 평균 소득이 미국의 반의반도 안 되지만, 전 국민 무상 의료라는 강력한 사회 보장을 하고 있지. 게다가 미국에 비해 훨씬 적은 돈을 들이고도 비슷한 건강 상태를 누리고 있어.

세계보건기구(WHO)에 따르면 코로나19 직전인 2019년 미국의 1인당 의료비 지출액은 10,546달러로 194개국 가운데 가장 많았어. 반면에 쿠바의 1인당 의료비 지출액은 1,023달러로 미국의 10분의 1도 안 됐지. 미국처럼 많은 돈을 들이지 않고도 모든 국민이 의료 서비스를 받을 수 있다는 걸 보여주고 있는 셈이야. 또 평균 수명은 쿠바가 77.7살, 미국이 78.7살로 미국이 조금 더 높지만, 만 한 살이 되기 전에 죽는 아기들의 숫자는 쿠바가 1,000명 중 3.2명, 미국은 3.7명으로 쿠바가 미국보다 더 나은 상황이야. 이렇듯 쿠바의 사례를 보면, 경제 성장이 먼저 이루어져야만 건강한 사회가 되는 건 아니라는 걸 알 수 있어.

또 하나 기억해야 할 것은, 경제 성장을 향해 달려가면서 우리는 계속해서 자원을 소비하고, 자연을 파괴하고 있다는 거야. 오염된 자연 환경 속에서는 우리의 건강과 삶도 지속될 수가 없지. 행복해지기 위해서라며 경제 성장을 외치지만 모두가 불행해지는 길로 가고 있는 셈이야. 결국 근본적인 생각의 변화가 필요해. 이모가 말했지? 경제 성장이 누구를, 무엇을 위해 이루어지느냐 하는 것이 중요하다고. 다수의 사람들에게 혜택이 돌아가도록 하는 성장, 개개인의 삶의 질이 전체적으로 높아지는 성장, 자연과 함께 공존할 수 있는 성장이 필요해. 그러려면 누구에게도 뒤지지 않을 세계 1등을 만들기 위한 경제 정책이 아니라, 10등, 15등을 많이 만들어 내는 정책이 필요하지.

이렇게 개개인이 모두 건강하고 행복하려면, 불평등을 줄이고 사회 전체가 함께 행복한 관계를 맺어야만 해. 흔히 '건강한 사회'라고 하면 '실제 구성원들 한 명 한 명이 정신적·신체적으로 건강한 사회'를 의미하기도 하지만, 한편으로는 그렇게 될 수 있도록 '사회적 관계가 건강한 사회', '바람직한 상태'를 의미하기도 하는 것이 바로 이런 이유야.

재미있는 얘기 하나 해 줄까?

2009년에 스티글리츠를 포함한 세계적 경제학자들이 사회·경제적 발전을 측정하는 새로운 지표를 개발해야 한다는 보고서를 발표했는데, 이른바 '스티글리츠 보고서'라고 해. 기존의 경제 성장 지수처럼 무조건 '돈을 많이 번 정도'를 측정하는 것이 아니라 실제 사람들의 행복감과 삶의 질을 고려해야 한다는 거야. 예를 들어 교통 정체가 늘어나면 휘발유 사용량이 많아져서 경제 성장 지수는 커지게 되지만 실제 사람들의 삶의 질은 악화되지. 스티글리츠는 가사 노동이나 자원봉사처럼 '돈을 벌지 못하는' 활동도 그 가치를 인정하고, '1인당 평균 소득'이 아니라 분배가 얼마나 되어 있는지, 특히 가난한 사람들의 삶의 질이 얼마나 개선되었는지에 초점을 맞추어야 한다고 했어. 이후 경제협력개발기구(OECD)는 이러한 권고를 받아들여 삶의 질 지수를 개발했지. 기존의 경제 성장 지수를 대신하지는 못했지만, 보완적으로 사용되고 있어. 어때, 이모가 말한 '사회 전체가 함께 건강하고 행복한 상태'를 지향한다는 것이 어떤 모습인지 어렴풋이 알 수 있겠지?

언젠간 어느 나라가 더 부자인지가 아니라 어느 나라 사람들이 더 행복한지에 따라 '잘산다.', '못산다.'는 표현을 하는 날이 오겠네요?

그럴지도!

더 행복하게 살 수 있는 나라는?

철수 너, 오바마 전 미국 대통령 알지? 오바마가 어떻게 대통령에 당선됐는지 아니?

그걸 제가 어떻게 알겠어요?

오바마가 대통령으로 뽑힌 이유 중 하나는 모두가 돈 걱정 없이 병원에 갈 수 있는 나라를 만들겠다는 약속을 했기 때문이야.

미국은 부자 나라 아닌가요? 사람들이 돈이 없어서 병원에 가지 못한다는 게 이해가 안 되는데요?

물론 미국은 땅덩어리도 엄청 넓고, 인구도 많고, 우리보다 훨씬 돈도 많고 힘도 센 나라야. 그럼 미국에 살고 있는 사람들은 우리보다 더 건강하고

국민 건강 보험, 뭐가 좋을까?

우리나라 국민이라면 누구나 가입해야 하는 국민 건강 보험은 다양한 장점을 갖고 있지.

행복할까? 지난번에도 얘기했지만 돈이 많은 나라가 꼭 더 건강하고 행복한 건 아니야. 특히 '건강'에 관한 한, 미국은 결코 다른 나라보다 '잘 사는' 나라가 못 돼.

병원에서 진찰을 받고, 약국에서 약을 사면 돈을 내게 되는데, 사실 우리가 내는 돈은 진찰료와 약값 말고도 더 있어. 매달 내고 있는 건강 보험료가 그것이지. 보험이란, 한 번에 큰돈이 들 경우에 대비하기 위해 많은 사람이 미리 보험료를 모아 두었다가 그 일을 당한 사람이 쓰게 하는 제도야. 한국은 이주민을 포함한 모든 사람이 의무적으로 건강 보험에 가입되어, 자신이 버는 돈의 일정 비율을 보험료로 내게 되어 있어. 그리고 아파서 병원이나 약국에 갈 때, 치료비와 약값의 일정 비율을 보험에서 지원받지.

형편이 어려운 사람은 적은 돈을, 여유 있는 사람은 더 많은 돈을 보험료로 내지만, 아플 때 지원받는 비율은 누구나 똑같게 되어 있어. 소득이 적은 경우, 건강보험 대신 의료 급여 제도를 적용받아 보험료를 내지 않고 치료비와 약값도 더 많이 지원받을 수 있어.

그런데 미국은 이렇게 모든 사람을 대상으로 하는 건강 보험 제도가 없어. 대신 한국에도 있는 '○○화재', '○○생명' 같은 민영 보험만 있지. 민영 보험은 정부가 아닌 민간 기업이 운영하는 보험이야. 건강 보험이 모든 사람의 건강을 보장해 주기 위해 존재한다면, 민영 보험은 보험 회사의 돈벌이를 위해 만들어졌어.

이익을 내는 게 목적인 민영 보험은, 건강하지 못한 사람은 치료비가 나갈 가능성이 더 크니까 가입을 어렵게 해 놓지. 보험료도 훨씬 비싸. 보험료를 꼬박꼬박 내도 막상 아플 때는 돈을 받기가 엄청나게 힘든데, 절차나 조건들이 복잡하고, 모든 기준이 보험 회사의 이익을 우선시하기 때문이야.

〈식코〉(Sicko)라는 다큐멘터리 영화는 '잘사는 나라' 미국의 '건강하지 못한' 의료 제도를 아주 생생하게 보여 주고 있지.

미국에서는 보험에 가입하지 못한 사람이 2,700만 명으로, 전체 인구의 8%에 달한대. 12명 중 1명이 보험이 없는 거야.* 한국의 수도권 전체 인구가 2,600만 명이니 얼마나 많은 수인지 알겠지. 한국의 의료 급여 제도에 해당하는 메디케이드의 까다로운 자격 기준과 민영 보험의 비싼 보험료 때문이지. 보험에 가입하지 못한 사람들은 사고가 나서 다쳐도 비싼 병원비 때문에 병원에 가지 못하고 수술 도구를 사다 직접 상처를 꿰매기도 해. 놀랍지? 〈식코〉에서 다루고 있는 내용은 이런 것들이야. 어떤 사람들은 미국에서 120달러에 팔리는 약을 의료 보장이 잘 되어 있는 쿠바에 가서 단돈 5센트에 사 먹기도 해.

사실 쿠바는 국민 평균 소득을 두고 봤을 때 미국과 비교가 안 될 정도로 가난한 나라야. 하지만 쿠바에서는 전 국민이 모든 의료 서비스와 대학원 과정까지의 교육을 무료로 받을 수 있어. 게다가 미국이나 한국에는 없는

* 2009년 6월 미국의 18세 이상 성인 29,000명을 대상으로 한 설문 조사를 통해 나타난 결과야.

주치의 제도를 갖춰 모든 사람이 병에 걸리기 전에 예방하고 관리받을 수 있지. 결국 돈 많은 나라가 그렇지 못한 나라보다 반드시 더 건강하고 행복하다고 보기는 어렵다는 것을 알 수 있어.

2010년 3월, 오바마 당시 미국 대통령은 보험 개혁 법안에 서명했어. 이른바 '오바마 케어'라고 불리는 이 개혁은 메디케이드 적용을 넓히고 소득이 적은 사람에게는 보험료 일부를 지원하는 내용을 담았어. 또 건강하지 못하다는 이유로 민영 보험 회사들이 보험 가입을 거부하거나, 비싼 보험료를 물지 못하도록 했지. 이전에는 전체 인구의 16%에 달하는 사람이 보험에 가입하지 못했지만, '오바마 케어' 덕분에 이 수치는 절반으로 줄어들게 되었어.

모두가 돈 걱정 없이 병원에 갈 수 있는 나라를 원했던 사람들의 기대에는 못 미쳤지만, 여기까지 오는 것만도 정말 쉽지 않았어. 보험 회사, 제약 회사, 의사 협회 들이 의료 보험을 개혁하려 할 때마다 격렬하게 반대했기 때문이지. 한편 2025년, 두 번째 당선에 성공한 트럼프 미국 대통령은 이 개혁을 되돌리는 법안에 서명했어. 앞으로 10년 동안 보험에 가입하지 못한 사람 수가 1,000만 명은 늘어날 거라고 예측되고 있지. "건강한 사회를 꿈꾼다."고 말하면서도, 정작 그런 사회를 만들기 위해서는 모두가 동참하지 않는 이유가 뭘까? 왜 어떤 사람들은 다 같이 행복해지는 걸 두려워할까?

그 사람들은 건강과 행복은 아무리 나누고 쪼개도 줄어들지 않는다는 걸 모르나 봐요.

민영 의료 보험의 폐해를 알려 주는 <식코>(Sicko, 2007)

〈식코〉는 미국의 민영 의료 보험 제도에 대해 다룬 다큐멘터리 영화야. 마이클 무어 감독은 영화를 만들기에 앞서, 자신의 홈페이지 방문자들과 팬들에게 의료 보험에 얽힌 사례를 보내 달라고 공지했는데, 공지한 지 첫 주 만에 무려 25,000개의 이메일을 받았다고 해. 실제 사례와 제보를 바탕으로 만든 이 영화는 탐욕적인 미국의 의료 보험 제도를 신랄하게 비판하고 있지. 마이클 무어 감독은 누군가를 향한 단순한 고발이 아닌, 잘못된 제도를 개선하기 위한 움직임을 이끌어 낼 목적으로 〈식코〉를 만들었다고 해.

건강한 몸, 건강한 사회란 결국 어떤 걸까?

코로나19의 경우처럼 사람들은 전염병이 확산될 때 가장 확실하게, 건강이 나 자신의 문제일 뿐 아니라 사회적인 문제라는 사실을 깨닫는 것 같아.

그게 무슨 말씀이죠?

나의 건강만 생각해서는 결코 완벽한 건강이 유지될 수 없다는 걸 직접 느끼게 되잖아. 코로나19는 처음 중국에서 시작되었지만, 순식간에 전 세계로 퍼졌어. '지구촌'이나 '세계화 시대' 같은 말이 실감나지 않니? 비행기가 없던 시절, 사람들은 세계를 지금보다 훨씬 크게 생각했을 거야. 중국에서 유행하는 전염병을 유럽이나 미국에서 걱정할 이유도 없었겠지. 이처럼 사회가 발전할수록 건강을 위해 고려해야 할 것들의 범위는 오히려 점점 넓어지고 있어. 그렇다면 건강을 결정짓는 원인들엔 어떤 것들이 있을까?

사실 사람에 따라 건강과 병을 다르게 정의하기도 해. 하루하루 먹고살 것을 걱정해야 하는 사람들은 그저 아프지 않은 것만도 건강한 거라고 생각할지 몰라. 건강 검진을 받고 치료를 받을 경제적·시간적 여유가 없으니까, 그렇게 생각하면서 스스로를 위로하려는 거지. 그렇지만 여유롭지 못한 상

황에 놓인 사람일수록 영양 불균형도 심하고, 스트레스도 많이 받고, 술이나 담배도 많이 하기 때문에 병에 걸릴 확률이 훨씬 높은 게 사실이야. 병에 걸렸더라도 제대로 치료받지 못해서 병을 더 키우기도 하고 말이지. 반대로 여유로운 사람들은 정기적으로 건강 검진도 받고, 정상 수치보다 높거나 낮은 부분에 대해서 바로 치료를 받거나 건강 관리를 하게 되지. 실제로는 아직 병으로 증상이 나타나지 않았어도 '병이 되기 전 단계'로 보고 예방을 하기도 하고 말이야.

그런데도 어떤 사람들은 질병의 책임을 개인에게만 돌리려고 해. 자기 몸을 잘 챙기지 않아서, 운이 나빠서, 나약해서, 게을러서 건강하지 않은 거라고 말이야. 누군들 그러고 싶어서 그러겠어? 건강하고 행복하게 살고 싶지 않은 사람이 세상에 어디 있겠어. 정작 그런 문제를 가진 사람들이 왜 건강을 챙기기 어려운지, 사회로부터 어떤 상처를 받고 있는지, 그리고 나를 포함한 이 사회가 그 사람들을 돕기 위해 어떤 노력을 해야 할지를 먼저 생각해 봐야 하지 않을까?

그럼 사회적으로 건강에 영향을 미치는 요인에는 어떤 것들이 있을까? 가장 먼저 '의료'를 생각할 수 있겠지. 몸이 아프면 병원에 가서 치료를 받고 약을 먹는 것은 당연하게 누려야 할 권리이지만 많은 사람이 이 권리를 보장받는 데 어려움을 겪고 있어. 병원비나 약값이 너무 비싸서, 병원이나 약국이 너무 멀리 있어서, 필요한 약이 만들어지지 않거나 판매되지 않아서 등등 여러 가지 이유가 있지.

그리고 사실은 의료보다 앞서서 영향을 미치는 중요한 요소들이 많이 있어. 의료가 주로 병에 걸린 뒤에 영향을 미친다면, 병에 걸리기 전에 영향을 미치는 것들도 있지.

이러한 원인들 가운데 '의식주'는 인간이 살아가면서 가장 기본적으로 요구되는 사회·환경적 요소야. 먼저 음식을 생각해 보자. 건강하고 영양가 있는 음식을 필요한 만큼, 좋은 품질의 것으로 먹기란 참으로 쉽지 않은 일이야. 예를 들면, 우리는 대부분 농약이 가득 뿌려진 과일이나 무자비하게 키워진 가축, 영양가 없는 가공 식품을 어쩔 수 없이 먹으며 살고 있어. 건강하고 안전한 먹을거리는 아예 찾아볼 수 없거나, 있더라도 구하기 힘들거나 비싸지. 결국엔 돈이나 시간에 구애받지 않고 좋은 먹을거리를 찾아 먹을 수 있는 개개인의 사회·경제적 여건이 굉장히 중요해져.

환경도 마찬가지야. 머무르는 곳(집, 학교, 직장)은 쾌적한지, 충분한 휴식을 취할 수 있는 여유가 있는지, 깨끗한 옷을 입고 생활하는지 등 크고 작은 환경 조건은 개개인의 사회·경제적 여건에 따라 달라져. 한편 공기나 물처럼 나의 힘만으로는 지켜 낼 수 없지만 한 사람 한 사람의 노력을 모아서 가꿔 나갈 수 있는 것들도 있어.

평등해야 건강하다고 얘기했던 것 기억하지? 불평등은 앞에서 말한 의료, 의식주, 환경 자원 들이 소득 및 교육 수준, 직업과 같은 사회·경제적 위치에 따라 불공평하게 분배되게 만들 뿐 아니라 개개인의 스트레스를 높이고 사회 전체의 친밀도를 낮추지.

그러니 진정으로 건강한 사회란 모든 사람이 건강할 수 있도록 불평등을 개선하는 사회야. 모든 사람에게 인간으로서 누구나 누려야 할 기본적인 생활 수준을 보장하는 사회, '돈'이 아니라 '행복'을 위해 노력하는 사회, 그 행복을 위해 다른 사람과 다른 생물들을 돌보는 사회 말이야.

이러한 사회를 만들기 위해 모두가 노력한다면 언젠가는 모두가 건강한 사회에 조금이라도 가까이 다가갈 수 있지 않을까?

저도 노력하겠습니다! 앗, 밖에서 누가 들어오려고 하는데요? 손님 오시나 봐요! 이모네 약국에도 드디어 손님이!

행복한 사회를 만들기 위한 첫걸음

정작 중요한 얘기는 시작도 못 한 것 같은데, 이야기를 마치게 되어서 무척 아쉬워. 너희는 어때?

조금은 낯설고, 조금은 충격적인 이야기에 겁을 먹은 친구도 있을지 모르겠어. 혹은 건강한 사회를 만들기 위해 스스로 실천할 수 있는 일을 꼽아 보다가 지레 "어휴, 난 못해!" 하며 손사래를 치는 친구도 있을지 모르지. 하지만 이모는 너희에게 겁을 주려고, 혹은 너희가 반드시 건강한 사회를 만들어야 한다고 부담을 주려고 이 책을 쓴 게 아니란다. 그럴 리가! 어떻게 해야 건강한 사회를 만들 수 있을지, 실은 이모도 잘 모르는걸. 그런데도 왜 이런 책을 썼냐고?

우리 몸과 우리 사회의 건강 상태가 현재 어느 정도인지 너희에게 얘기해야 한다고 생각했어. 그다지 유쾌한 것도, 쉽고 단순한 이야기도 아니지만 말이야.

이모는 어린이들의 정신이 몸처럼 어리다고는 믿지 않아. 풀리지 않는 문제를 집요하게 물고 늘어지는 집중력, 주변에 대해 쏟는 관심이나 남을 헤아리는 마음은 몸만 자란 어른보다 훨씬 어른스러울 때가 있거든. 그런 어린이들과 이모의 고민을 나누고 싶었단다. 그것만으로도 세상이 조금은 건강해지는 게 아닐까, 조심스레 희망

을 품어 보면서.

책에서 많은 이야기를 썼지만, 이모가 하려는 얘기를 한마디로 요약하면 "나, 그리고 다른 사람과 다른 생명의 건강과 행복을 위해서 작게나마 실천할 수 있는 일들을 찾아보자."는 거야. 사실 지금까지 이모의 수다를 들어 준 것만으로도 너희는 이미 실천을 시작한 거나 다름없어. 당연하게 받아들여 왔던 것들에 대해서 다르게 생각해 보고, 그동안 몰랐던, 혹은 보지 못했던 문제들을 볼 수 있게 되었으니까. 지금은 느낄 수 없겠지만, 너희에게는 놀라운 변화가 일어나고 있단다.

너희와 함께 '건강하고 행복한 사회'를 만들기 위한 첫걸음을 뗄 수 있어서 이모는 무척 기뻐. 우리가 당장은 그런 사회를 만들지 못할지도 모르지. 하지만 그럼 어때? 너희가 어른이 되었을 때, 이모가 그랬듯이 어린이들과 함께 고민하고 노력해 가면 되잖아.

그럼, 건강한 사회를 향해 힘차게 출발해 볼까?

출발!

이 책은 저 혼자만의 힘으로 만들어진 것이 아닙니다. 2007년 여름 '한국사회포럼'에서 처음 만나 뵌 우석균 선생님을 통해 의약품과 건강을 다른 시각으로 바라볼 수 있게 되었고, 2008년부터는 '건강과 대안'의 회원으로 활동하면서 많은 분들과 고민을 나눌 수 있었습니다. 제게 도움과 영향을 주신 분들의 생각과 고민이 책 속에 녹아 있으니, 이 책은 그분들과 함께 만든 것이나 다름없습니다. 책의 모태가 된 글은, 부족한 제게 잡지 연재의 기회를 주신 김규항 선생님과 《고래가 그랬어》 식구들 덕분에 쓸 수 있었습니다. 원고를 보고 정성껏 조언해 주신 분들과 책을 만드느라 고생하신 편집자님께도 감사의 말씀을 전합니다.

약사 이모가 들려주는 몸 · 병 · 약에 관한 이야기

우리는 모두 건강할 권리가 있다!

초판 2010년 11월 5일 처음 찍음
개정판 2026년 2월 10일 처음 찍음

글 김선 | 그림 김소희 | 감수 우석균
펴낸곳 도서출판 낮은산 | 펴낸이 정광호 | 편집 강설애 | 디자인 하늘 · 민 | 제작 세걸음
출판 등록 2000년 7월 19일 제10-2015호
주소 10881 경기도 파주시 회동길 216 202호
전화 (02)335-7365(편집), (02)335-7362(영업) | 팩스 (02)335-7380
홈페이지 www.littlemt.com | 이메일 littlemt2001ch@gmail.com
제판 · 인쇄 · 제본 상지사 P&B

ISBN 979-11-5525-188-1 73510